国培计划——中西部项目甘肃省边远小规模乡村学校教师培训

U0861906

复式教学实践创新与理论研究丛书

丛书主编　孙冬梅

复式教学支持策略

（第二版）

主　编　孙冬梅

蘭州大學出版社
LANZHOU UNIVERSITY PRESS

图书在版编目（CIP）数据

复试教学支持策略 / 孙冬梅主编. -- 2版. -- 兰州: 兰州大学出版社, 2016.3
（复式教学实践创新与理论研究丛书 / 孙冬梅主编）
ISBN 978-7-311-04894-5

Ⅰ. ①复… Ⅱ. ①孙… Ⅲ. ①小学－复式教学－教学研究 Ⅳ. ①G622.421

中国版本图书馆CIP数据核字(2016)第052898号

策划编辑　陈红升
责任编辑　王曦莹
封面设计　郇　海

书　　名　复式教学支持策略(第二版)
作　　者　孙冬梅　主编
出版发行　兰州大学出版社　(地址:兰州市天水南路222号　730000)
电　　话　0931-8912613(总编办公室)　0931-8617156(营销中心)
　　　　　0931-8914298(读者服务部)
网　　址　http://www.onbook.com.cn
电子信箱　press@lzu.edu.cn
印　　刷　兰州人民印刷厂
开　　本　710 mm×1020 mm　1/16
印　　张　9
字　　数　132千
版　　次　2016年3月第2版
印　　次　2016年3月第1次印刷
书　　号　ISBN 978-7-311-04894-5
定　　价　18.00元

总　序

2012年9月国务院办公厅在《关于规范农村义务教育学校布局调整的意见》(以下简称《意见》)中指出,“办好村小学和教学点”“中心学校要发挥管理和指导作用,统筹安排课程,组织巡回教学,开展连片教研,推动教学资源共享,提高村小学和教学点教学质量”。《意见》对如何办好村小学与教学点等小规模学校进行了较为全面的规定,从经费保障、师资保障、教育信息化建设和学校管理等方面提出要求。

《意见》的出台意味着教育部对中小学布局调整有新的思路,各地学校布局结构调整要做到因地制宜,方便孩子就近入学,发展和提高边远小规模学校的办学质量是一个重点方向。复式教学作为一种特殊的教学组织形式,适用于边远小规模学校。它可以解决因学生数量过少而导致的教与学氛围不足的问题,同时可以提高教学效益,促进不同年级儿童在课堂中互助互学,共同发展,共同成长。“同动同静”复式教学新模式的探索总结,切合当前教育部提出的办好村小和教学点的指导思想，对于提高边远小规模学校的复式教学质量有着重要的意义。

目前，中国乡村仍然存在大量的小规模学校，仍然有大量的教师在小规模学校任教，在职前他们接受的教育是学科专业、单班教学的培养，职后培训也多以单一学科为主，不具备全科教师的基本素养，也不知道复式教学的组织形式。我们常看到的现状是，由于年级多，而同一年级的学生少，几位教师因采用单班授课、分科教学而忙得焦头烂额，学生也由于人数少(甚至1位学生一个班)，没有学伴，没有同学，因而产生厌学情绪。

2012年《小学教师专业标准》中对“学科知识”的要求规定为“适应小学综合性教学的要求，了解多学科知识”。2015年，北京率先大规模地进行小学综合学科教学的改革，浙江省教育厅首次提出“全课程”理念，鼓励教师开展包班教学，协同教学，跨班级、跨年级走班授课，甘肃省教育厅也提出“培养全科型小学教师”等目标。这些举措，或许在不远的将来，会使语文、数学、英语、音乐、美术、体育这些课程概念不复存在，取而代之的只有一个个主题和相应的教学活动。这些恰好是复式教学这种特殊的课堂组织形式的优势所在。

中国基础教育阶段的课程革命正静悄悄地袭来，乡村小规模学校生活化、乡土化、社区化，将为孩子们提供一种有根的教育，这应当是中国教育改革的前瞻性方向所在。复式教学将大有作为。

本丛书的前身是2011年兰州大学出版社出版的“复式教学实践创新与理论研究丛书”，包含《复式教学新论》《复式教学支持策略》《小学语文复式教学指南》《小学数学复式教学指南》，该丛书系统地介绍了兰州大学西部基础教育研究与培训中心，经过十年研究历程创新的复式教学“同动同静”新模式，以及新模式在小学1—2年级低学段语文、数学学科中的运用。2012年起，作为教育部、财政部“国培计划”——中西部农村骨干教师培训项目教材和甘肃省教育厅“省培计划”乡村小规模学校教师培训教材——深受一线教师的欢迎，被称为“农村教学史上的革命”和“最接地气的教学研究成果”。2013年荣获中共甘肃省委、甘肃省人民政府授予的甘肃省第十三届哲学社会科学优秀成果三等奖。

丛书自出版问世以来，项目组成员通过参与多年的“国培计划”“省培计划”，以及应邀参与省内外的乡村教师研修活动以来，积累了有关乡村小规模学校复式教学的许多新资料，在《复式教学新论》(第二版)、《复式教学支持策略》(第二版)中做了介绍、总结和论述。与此同时，应大量一线教师的强烈需求，乐施会资助项目组在“甘肃农村地区复式教学实践创新与理论研究”研发教材的基础上，继续研发复式教学“同动同静”新模式教学资源包。本次资源包的撰写主要以国家课程标准为准绳，以人民教育出版社、北京师范大学出版社等农村地区使用频率较高的教材为参考，研发“同动同静”复式教学新模式在小学中学段、高学段语文、数学以及英语学科的运用，有《小学语文复式教学指南（中学段）》《小学语文复式教学指南（高学段）》《小学数学复式教学指南（中学段）》《小学数学复式教学指南（高学段）》。因大部分农村小学是从三年级起开设英语课，所以，项目组编写了《小学英语复式教学指南（中学段）》《小学英语复式教学指南（高学段）》。

此次出版的资源包，不仅包括初次出版的四本书，还包括新研发的中、高学段六本书，共计十本书。它不仅能为复式教师提供相关的理论与实践指导，而且也可以促使复式教学“同动同静”新模式能够落实在各个学段的复式课堂中，从而提高边远小规模学校的整体办学质量，为小规模学校学生的发展创设良好的学习环境。

香港乐施会中国部副总监 李文先

2015 年 11 月 20 日于香港

前 言

随着我国新一轮基础教育课程改革的实施，我国农村地区从事复式教学的教师迎来了新的挑战和新的期待。课程理念和课堂教学发生的变革，激活了复式教师们的改革热情，但同时也使许多复式教师感到困惑和痛苦。变革是一个痛苦的过程，但是我们必须面对。为使广大的农村基层教师快速适应变革，减少“思变”和“适变”的痛苦，“甘肃农村地区复式教学实践创新与理论研究”项目组试图探索一种“以儿童发展为中心”的复式课堂教学组织与管理新模式，旨在提升广大农村复式教师关爱学校和教育教学的能力，促进复式教师的专业发展，进而提高农村复式教学质量，保障复式班儿童的全面发展。

（一）

“甘肃农村地区复式教学实践创新与理论研究”项目的主要任务之一，就是开发适用“同动同静”新模式的系列丛书，为农村从事复式教学教师的专业发展提供技术支持。在项目地区长达两年的行动研究中创新的复式教学“同动同静”模式，是在继承传统复式课堂教学“动静搭配”模式优点的基础上创建的一种新模式。“同动同静”新模式力图迎合新课程改革所倡导的理念，以追求复式课堂教学的质量和效率为最终目的。在基线调研的基础上，项目组确定了系列丛书的主要内容。系列丛书共由十本教材组成，分别是:《复式教学新论》（第二版）、《复式教学支持策略》（第二版）、《小学语文复式教学指南（低学段）》、《小学语文复式教学指南（中学段）》、《小学语文复式教学指南（高学段）》、《小学数学复式教学指南（低学段）》、《小学数学复式教学指南（中学段）》、《小学数学复式教学指南（高学段）》、《小学英语复式教学指南（中学段）》和《小学英语复式教学指南（高学段）》。

《复式教学支持策略》（第二版）是复式教学有关人员自学的读本。为了充分考虑自学者的特点，本书中的各个单元的设计主要考虑了通过自学者在学习过程中对各种活动的完成，促其理解、掌握并尝试应用学习内容。挖掘经验、参与活动、双向交流、方法指导是构成本书的基本要素，也形成了本书鲜明的特色。所以，在“做中学”、“学中思”、“思中做”是本书最大的一个亮点。

快速浏览本书中任何一个单元的内容，你都会发现，本书的适用对象为有一定教学经验的在职复式教师，同时也适合复式教学培训者使用。此外，职前教师、学校行政人员以及特殊教育工作者等也都是本书潜在的读者。本书与其他的面授教材不一样，它具有以下几个显著的特点：首先，确定学习目标，学习任务清楚。在各单元的开篇中，皆提出了自学者应该达到的目标，学习内容、时间以及学习本单元需要准备的材料。其次，借助实践应用，主动建构知识。各单元设计了形式多样的实践活动，帮助自学者理解学习内容，反思教学管理实践，探索改革方式。再次，开展理论讲堂，提升实践经验。每个小节的最后都有理论讲解部分，注重提升复式教师的经验，把理论转化为实践的行动策略，帮助教师将理念具体化。

本书在学习内容上力图为自学者提供一种新的视角，鼓励自学者自己对学习和过程提供反馈和评价，以促使他们有深度地理解或挖掘一些问题背后的东西，使自学者的自学过程成为一种深层次的学习。本书设计的诸多实践活动，要求并鼓励自学者积极参与，并付诸自己的复式教学管理实践中，这本身就有助于复式教师提高自尊和自信，树立改革的信心，进而采取行动来改变现状，促进自身的专业成长，同时也增添了本书作为一种自学手册的趣味性和实用性。

（二）

《复式教学支持策略》（第二版）一书为直接面向我国农村复式教师的自学教材。这种自学是一个非常个性化的过程，为了获得最佳的学习效果，不同的人可能会有不同的学习进度、不同的学习方式、不同的学习需求。你可以从头开始，逐渐递进地学习，使之形成体系，也可以根据自己的情况，有选择地学习，使之更具有针对性。所以，本书各单元的设计既相互联系，又相对独立。我们建议本书自学32个学时，各单元的学习时间分布如下表：

单 元	主 题	建议学时
1	教学管理与教学支持	2
2	校长与教研员的角色定位	3
3	复式教师的专业发展	4
4	营造爱生复式学校	4
5	复式教学研究与复式教学方法创新	3
6	开发校本课程与课程资源	4
7	构建复式教学支持系统	3
8	开发复式教学支持评估工具	4
9	实施复式教学支持活动	2
10	促进复式学校发展	3

本书的体例有许多开放的空间，留给自学者自己回顾、反思和推断，所以，其中提出的一些问题没有统一的标准答案。自学者可根据自己的教学实情，将本书中设计的一些活动运用于实践。

《复式教学支持策略》(第二版) 主要针对复式学校和当地县教研室、乡教管中心，架构以专兼职教研员为主的三级复式教学支持系统，为复式课堂教学实施“同动同静”新模式改革提供及时、有效的支持和帮助。

（三）

该丛书由“甘肃农村地区复式教学实践创新与理论研究”项目专家组负责人、兰州大学教育学院孙冬梅教授组织、策划。《复式教学支持策略》(第二版)一书是该项目开发的系列丛书之一。

本书的主编为孙冬梅(兰州大学)。具体参与编写的成员及分工如下：课程说明和第 8 单元由孙冬梅(兰州大学)编写；第 1 单元由吴斌(兰州大学)编写；第 2 单元由耿春霄(兰化一中)编写；第 3 单元由孙蕊林(兰州大学)编写；第 4 单元由尹丽丽(江苏省邗江中学)编写；第 5、9 单元由马彩云(兰州大学)编写；第 6 单元由黄坤(天津科技大学)编写；第 7 单元彭文涛(重庆工商大学)编写；第 10 单元由吴小钢(兰州西北中学)编写。兰州大学教育学院研究生张霞、李洛丹、王丽霞等同学参与了校对。全书由孙冬梅负责统稿。

本书的编写历时两年有余,是编写人员与项目县教育部门、项目学校师生、几届研究生们共同参与的成果。本书的编写工作得到了乐施会兰州办公室项目官员关玉凤女士的大力支持,兰州大学出版社、甘肃省教育厅基础教育处为本书的顺利出版提供了极大帮助,兰州商学院艺术设计学院陈泊钧同学为本书绘制了精美插图。同时,项目组在写作过程中参阅并引用了许多同行的观点和材料,未能一一注明具体的作者姓名,在此对他们表示衷心的感谢!

本书的编写工作由香港乐施会资助,但书中的观点并不代表香港乐施会的观点。

本书虽经编写人员殚精竭虑,几易其稿,仍因水平有限,难免有疏漏和不妥之处,敬请读者在自学过程中给予批评指正,也请同行不吝赐教,以便再作修改,使之更臻完善。

《复式教学支持策略》(第二版)编写组

2015 年 11 月于兰州

目 录

单元1　教学管理与教学支持

学校发展的生命在于办学的质量，学校办学质量的提高，关键在于严格的、科学的教学管理和有效的教学支持。要全面实施素质教育，培养高素质的人才，就必须加强教学管理，不断探索创新教育改革的新途径。新课程改革在不断推进，但许多学校的教学管理与现实需要存在一定的差距。因此，进一步理解教学，认识和反思教学过程，学会积极、科学地管理和有效地支持教学工作，充分利用各方面资源进行教学支持，对校长来说，具有十分重要的意义。

学习目标

学习完本单元后，你将能够：

- 说出教学管理的内涵及当前教学管理中存在的主要问题
- 清晰地表达教学支持的内涵及其意义
- 确切地说出教学管理和教学支持的区别与联系

学习内容

本单元将包括以下内容：

第 1 节　教学管理

第 2 节　教学支持

第 3 节　教学管理与教学支持

学习时间

本单元的学习需要两个课时。

你需要准备的材料

- 笔记本
- 汉语字典

第1节
教学管理

我们知道，教学工作是学校的中心工作，是学校全面贯彻教育方针，培养德、智、体、美、劳全面发展的社会主义事业的建设者和接班人的主要途径。教学工作的成效取决于学校对教学的科学、有效的管理。然而我国的中小学教学管理中存在很多问题，学校教学管理的滞后已经成为阻碍学校发展的重要因素。因此，我们需要对教学管理作进一步的认识。

根据你的教育教学实践，并借助汉语字典，你认为什么是教学？什么是管理？

请将你的看法写在下面的空白处：

根据你在学校的教学管理实践经验，你认为教学管理的含义是什么？

请将你的看法写在下面的空白处：

完成下面的活动，可以帮助你进一步认识教学管理。

活动 1.1　我是如何做的

根据本校的教学管理实际，思考教学管理的基本要素包括哪些，并思考本校教学管理是如何进行的。

实践应用

如果你是教研员，可以组织本学区的校长研讨关于教学管理的基本要素和教学管理如何进行，同时应尽可能邀请本学区的校长参加，鼓励校长们结合自己的教学管理经验，充分挖掘教学管理要素，并认真研讨如何进行教学管理，同时应关注教学管理实践工作中取得的成绩和存在的问题。在组织研讨会时，尽可能组织一线教师出席，征求一线教师的意见和教学工作中的要求，促进校长和教师之间的互动和理解，从而促使校长们改变传统的教学管理理念，改进教学管理方法，提高教学管理质量，促使本校教学质量进一步提高。

如果你是校长，在学习本节内容时，首先，要剖析自己的教学管理工作是否遵循教学管理规律，是否实施了科学的教学管理，是否本着“以人为本”的教学管理策略等。其次，如有可能，组织教师探讨本校教学管理是否科学，是否有利于提高学校的教学质量，是否有利于教师的专业发展，征求教师的意见：如何改进本校的教学管理工作。

如果你是一位复式教师，可以参考上面的学习内容，独立思考，也可以主动与其他教师一起探讨。如果你有机会参加本学区或本校举办的关于教学管理如何进行的讨论，可以和其他学校或本校教师进行探讨交流，并向相关负责人陈述自己关于改进教学管理的策略或意见。

理论讲堂

我们知道教学管理是一种行为。作为行为，首先应该有行为的发起者和承受者，即谁对谁做，其次还应该有行为的目的或目标，即为什么做。因此，要形成一种教学管理活动，首先要有教学管理的主体，即说明由谁进行教学管理的问题；其次要有教学管理的客体，即说明教学管理的对象问题；再次要有教学管理的目的，即说明为什么进行教学管理的问题。同时，我们应该考虑到，任何事物都不是孤立存在的，而是必须存在于一定的条件和环境中。

对于“教育管理”的概念，学者们至今没有一致的看法。一种较为普遍的观点是黄维栋的观点：“教学管理是学校管理者遵循管理规律和教学规律，科学地组织、协调和使用教学系统内的人力、物力、财力、时间、信息等因素，确保教学工作有序、高效运转的决策和实施。”另外一种较为普遍的观点是赵徽的观点：“教学管理是学校教学行政人员为完成教学任务、提高教学质量，运用一定的原理和方法，通过一系列特有的管理行为，组织、协调、指挥和控制教学工作，以求实现教学目标的过程。”

其实，教学管理并非单纯是学校内部的管理，它包含了教育行政机关和教学业务主管部门(教研室以及教育督导机构等)对学校教学工作的管理和学校相关职能部门对教师的教学工作、学生的学习全程的管理。

第2节
教学支持

教学支持不是校长一个人的事情，也不是校长对个别需要帮助的老师的支持或帮助。教学支持是校长和老师共同参与、沟通协作的过程。

教学支持本质上是一种新的教学管理行为，是现代教育的管理理念。根据你的教育教学的实践，并借助汉语字典，你认为什么是教学支持？

请将你的观点写在下面的空白处：

校长根据本学校教师教学活动的实际情况及学生学习情况,有计划、有目的地分析教学过程中出现的影响教学质量的各种因素,并及时引导教师改进教学方法,提供最大限度的支持与帮助。这与你理解的教学支持有什么不同?为什么?

请将你的看法写在下面的空白处:

完成下面的活动,可以帮助你进一步认识教学支持。

活动1.2 我会怎么做

下列案例中描述了一位校长面对本校的年轻教师王老师教学效果不理想的难题进行的教学支持活动。假如你是这位校长,你该如何对王老师进行教学方面的支持和帮助?

案例:一位校长的做法

王老师是某小学二年级一班的数学老师,王老师比较年轻,工作非常积极,但是该班数学整体成绩一直不好。该校马校长通过调查走访发现:王老师教案条理清楚,语言优美,字迹工整,上课富于激情,但就是教学效果不理想,这可给马校长出了一个难题。于是,马校长走进王老师的课堂听课后发现:王老师上课只是按照教学设计进行讲授,没有根据学生的课堂反应及时调整;也没有指出本节需要掌握的知识点,没有明确本节课堂的重难点;同时王老师的教授方法属于满堂灌,没有给学生消化课堂内容的时间,没有关注学生的课堂内容消化情况等。

实践应用

如果你是教研员，可以组织本学区的校长研讨如何进行教学支持，同时应尽可能邀请本学区的校长参加，鼓励校长们通过学习改变传统的教学管理理念和方法，充分调动校长进行教学支持的积极性，让校长们看到教学支持给学校教学质量带来的提高和对教师的专业发展的促进，让校长们反思传统的教学管理的弊端，促使校长们改变教学管理的方法、方式等。

如果你是校长，在学习本节内容时，首先要思考，如果我是案例中的张校长，我该怎样对王老师进行教学支持，并回忆自己在以往的教学管理过程中是否出现过类似情况，自己是怎样处理的。其次，如有可能，组织教师探讨案例，并找出解决办法。同时，组织教师建言献策，共同促进本校教育教学工作的良性发展。

如果你是一位复式教师，你可以参考上面的学习内容，独立思考，也可以主动与其他教师一起探讨。如果你有机会参加本学区或本校举办的关于案例的探讨，可以和其他学校或本校的教师进行探讨交流，并向相关负责人陈述自己关于如何进行教学支持的策略或意见。

如果你是马校长，可以从以下几个方面入手：首先，你可以先让王老师听一节老教师的课，进行现场指导，让其对有效果的教学有个总体印象。其次，你可以指出王老师的几个缺点，如不能照本宣科，及时进行认真的教学设计；不能满堂灌，不能胡子眉毛一把抓，应该根据学生对教学内容的反映情况随时调整教学进度，应该给学生留出相当的时间消化本节知识，应该采用参与式的教学方法等。最后，不能教一次就让王老师自己领悟，你应该随时掌握王老师的课堂变化，直到王老师能够掌控课堂为止。

理论讲堂

教学支持本质上是指校长支持教师的教学工作，通过教师的教学达到课程标准所要求的教学目标。因此，教学支持的含义应该是校长和教师一起探讨、分析并找出教学过程中影响教学质量和阻碍教师职业发展的相关因素,共同寻找改进和解决这些问题的办法,为教学提供最优化服务与尽可能的帮助。这里包含了四层意思:一是校长和教师共同探讨教学活动,二是找出问题,三是解决问题,四是提供服务或帮助。简言之,校长应该支持教师,教师支持学生,形成通过校长支持教师完成以学生为中心的学习。

教学支持不是不要相应的教学管理, 而是强调校长不再直接干预教师的教学活动,而是引导教师发现并寻找解决教学问题的办法,以此提高教学质量。校长根据本学校教师教学活动的实际情况及学生学习情况,有计划、有目的地分析教学过程中出现的影响教学质量的各种因素, 并及时引导教师改进教学方法,提供最大限度的支持与帮助。

教学是一个双边多向的活动,教学过程既包括教师教的过程,也包括学生学的过程,是教与学统一的过程。从教学过程的整体来看,学生是受教育者,是教师施教的对象,教师是教学活动的组织者和指导者,又是知识、技能的传授者,具有明显的主导地位。在传统的教学过程中,教师和学生很少交流,教师只是一味地讲授知识,学生只是接受。这些与新课改的要求相去甚远。因此,校长需要帮助教师加快适应新课改和素质教育的要求。在新课程改革中,教师面临着教育教学观念的改变、教师角色的转变,因此,校长只有向教师提供支持帮助,教学工作才能顺利完成,实现教学目标。

一些学校在教学管理工作中存在严重的浪费现象,比如,一些学校的计算机、仪器、模型、体育设施等,平时很少用,上级部门来检查时都是崭新的。为了提高教学管理的效率,校长需要对教学进行支持。通过教学支持,能有效、合理配置现有教学资源,使其发挥最大的效益,从而最大限度地提高教学质量。

传统的教学管理一般以行政命令、经济手段为主,管理手段僵化、方法落后,导致教师教学目标的异化,教师参与新课程改革的积极性低。要改变这一现状,校长们应该改变旧的教学管理观念,对教学进行支持,使教育教学的目标达到真正的回归。因此,教学质量受到学校教学支持程度的影响,支持力度越大,措施越得力,方法越得当,教学质量提高也越快。

第3节 教学管理与教学支持

校长们最熟悉的就是教学管理，而对教学支持比较陌生。由于对教学支持的内涵和意义，教学管理和教学支持的区别和联系，在什么时间、什么情况下、怎样提供教学支持，以及提供教学支持的原则、方法并不是十分清楚，直接影响了学校教学质量的进一步提高。

教学支持是现代教育的理念和思想，是一种新的管理教学方式。在教学工作实践中，有人把教学支持等同于教学管理。你持怎样的观点呢？你认为教学管理与教学支持之间的区别和联系是什么？

请将你的观点写在下面的空白处：

教学支持是现代教育的思想和理念，是一种“以人为本”的教学管理。因此，只要教学支持、放弃教学管理的观念是错误的。认真完成下面的活动，它可以帮助你对教学支持有一个更好的理解。

活动1.3 做做看

通过分析下图，请你思考教学支持是如何实现的。我们在什么时间给教师提供支持？

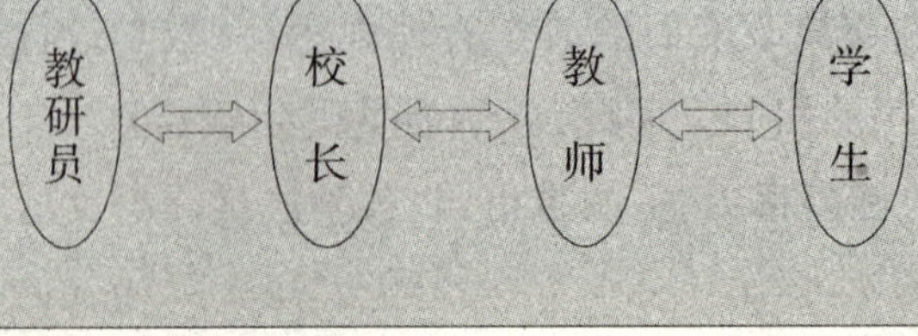

实践应用

如果你是教研员，可以组织本学区的校长研讨关于教学管理和教学支持的区别和联系，同时应尽可能邀请本学区的校长参加，鼓励校长们结合自己的实际工作经验，充分挖掘教学管理和教学支持的区别和联系，并认真探讨校长在什么时间、什么情况下给教师提供教学支持。在组织研讨会时，尽可能组织异型教师出席，征求一线教师对教学管理和教学支持的意见和看法，促进校长和教师的沟通交流，让校长认真倾听一线教师的实际需要，促使校长改变教学管理的不恰当做法，为教师们提供持续不断的教学支持。

如果你是校长，在学习本节内容时，首先，要认真思考教学管理和教学支持的区别和联系，认识到教学支持是一种更加“以人为本”的教学管理。其次，如有可能，组织教师探讨校长在什么时候、在什么情况下、以什么方式对教师的教学进行支持和帮助。

如果你是一位复式教师，可以参考上面的学习内容，独立思考，也可以主动与其他教师一起探讨。如果你有机会参加本学区或本校举办的关于教学管理和教学支持的区别与联系和在什么时间、什么情况下、怎样进行教学支持的研讨，可以和其他老师进行探讨交流，并向相关负责人陈述自己的看法和意见。

教学支持是一项系统工程，可以分为学校内的教学支持和来自学校外的教学支持两个部分。学校内的教学支持主要是校长对教师的进行的教学支持，主要是促进教师的专业发展，提高学校的教学质量，培养全面发展的学生。而来自学校外的教学支持，主要是学校的教育主管部门对学校进行的政策和软硬件方面的支持，如果没有了来自学校外的教学支持，学校内的教学支持的功用就会受到影响。具体到活动 1.3，你可以参照上面关于教学支持的分析进行思考。

关于校长什么时间对教师进行教学支持的问题，我们可以从教学支持本身考虑。既然教学支持是一个系统工程，校长应该随时随地关注本校教师的教学活动，积极监测本校的教学效果，及时与教师沟通，有效地解决教师反映的问题，这样才是校长最有效的教学支持。

理论讲堂

教学支持是现代教育的理念和思想，是一种新的管理教学方式。在教学工作实践中，有人把教学支持等同于教学管理。《汉语字典》上“管理”的含义是“负责某项工作使顺利进行”，“支持”的含义是“给予鼓励或赞助”。从字面意义上理解，我们对教学管理和教学支持有一定的了解，教学管理是学校管理者遵循管理规律和教学规律，科学地组织、协调和使用教学系统内的人力、物力、财力、时间、信息等因素，确保教学工作有序、高效运转的决策和实施。教学支持是校长和教师一起探讨、分析并找出教学过程中影响教学质量和阻碍教师职业发展的相关因素，共同寻找改进和解决这些问题的办法，为教学提供最优化服务与尽可能的帮助。

教学管理和教学支持的区别有以下几个方面：

从过程方面分析：教学管理是一个计划、组织、实施、评价的过程；教学支持是一个校长和教师一起分析并找出影响教学质量、阻碍教师职业发展、学生学习效能提高的影响因素，并共同寻找改进和解决这些问题的办法，为教学提供最优化服务与尽可能的帮助的过程。

从内容方面分析：教学管理是按照教学管理的规章制度对教学进行常规的管理和评价；教学支持是校长和教师在教学过程中共同分析发现教学中存在的问题，并找出解决问题的办法。

从方法方面分析：教学管理应用的多是命令、控制、监督等方法；教学支持应用的是鼓励、激励、帮助、探讨等方法。

从氛围方面分析：教学管理具有控制、监督的性质，因此，教学管理一般处于紧张、压抑的氛围中；教学支持一般处于沟通、协作等人性化的宽松的氛围中。

从评价方面分析:教学管理的评价具有一定的刚性,按照教学管理制度对教师教学进行评价,是一个自上而下的过程;教学支持的评价则有很大的弹性,评价标准则是有利于教学效果的提高。

教学管理和教学支持的联系主要体现在以下几个方面:

从主体方面分析:教学管理是学校管理部门(包括校长);教学支持的主体是校长。

从客体方面分析:教学管理和教学支持都是对教学活动进行的管理或支持。

从目的方面分析:教学管理和教学支持都是为了实现教育教学的目标,即培养社会主义的建设者和接班人,促进教师的职业发展,提高学校的教育教学质量。

从环境方面分析:教学管理和教学支持都是在学校课堂教学的基础上持续不断地进行。

教学支持是现代教育的思想和理念,是一种"以人为本"的教学管理。因此,只要教学支持、放弃教学管理的观念是错误的。

总 结

校长在短时间内不可能摆脱传统教学管理理念的影响,这就要求校长不断学习,不断丰富自己的教育教学理论,改变教学管理的方法。同时,教学支持是校长和教师共同参与、沟通协作的过程,这就要求校长善于发现教师在教育教学过程中存在的问题,并查找原因,制定出解决问题的方案。教学支持是一个持续不断的过程,这就要求校长为了促进教师的专业发展和提高本校的教育教学质量,能够坚持不懈,和教师共同努力。

教学支持是近年来一些教育家在教育管理过程中总结出来的"以人为本"的教学管理理念。因此,校长、教研员应该掌握教学支持的理念并努力实践,探索出一条符合本土特点的教学支持之路。

单元2　校长与教研员的角色定位

校长与教研员要树立现代教育观念,按照素质教育的要求,从学校的实际情况出发,认识自己所处的地位及肩负的任务,正确判断自己在教育教学以及与教师的相互关系中所应该扮演的角色，这对做好校长与教研员的工作是非常重要的。

学习目标

学习完本单元后,你将能够:

- 认识自己的角色,进而为自己所从事的工作重新定位
- 说出校长与教研员的角色定位在教学支持中的作用
- 列举学校教育的主要功能

学习内容

本单元将包括以下内容:

第1节　定位角色

第2节　校长与教研员的作用

学习时间

本单元的学习需要三个学时

你需要的材料

这部分的学习,你需要准备以下材料:

- 以前的听课记录本
- 笔记本

第 1 节
定位角色

校长与教研员是学校工作的决策者、指挥者和管理者。校长、教研员的教育理念、工作态度、工作水平等，都直接或间接地影响着学校教师对课程改革的态度，关系到一所学校推进课程改革的进程和实效。因此，从某一角度来说，校长和教研员起着关键的作用。

在新课程改革实施的过程中，教师角色转变和学生学习方式的转变，是大家谈论较多的话题，但校长与教研员的角色定位问题却较少论及。通常大家认为校长与教研员在学校中应该是什么样的角色？

请将你的看法写在下面的空白处：

传统校长与教研员的角色定位：

你认为在新课程理念下，校长与教研员在学校中的角色应该转变吗？你认为如何定位他们/她们的角色？

请将你的看法写在下面的空白处：

校长的角色定位：

教研员的角色定位：

完成下面的活动，可以帮助你认识自己所从事工作的不同特点，以及担当的角色，并准确认识自己所承担“角色”的作用。

活动 2.1　找“中心”

在教研员、校长、教师、学生四种人群中，请你在图中找出“谁”为学校教学和管理的中心，并将其写在中心位置，然后依次标出其他人群。依据自己的角色思考并回答以下问题：

1. 我是谁？
2. 我去（在）学校干什么？

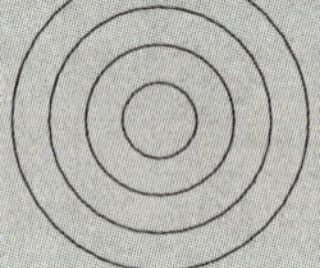

实践应用

学校是为公民实施教育的主要机构，但不是唯一机构；学校是有生命的，是发展的，是充满生机的鲜活的生命体；学校教育应该是与社会和生活紧密相连的开放均衡发展系统；学校是学生发现自己、发展自己的地方，也是教师发现自己、发展自己的地方。

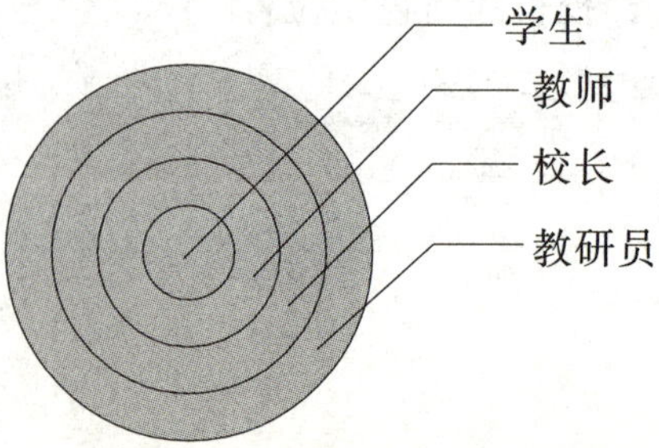

图 2-1　找“中心”

活动 2.1 中教研员、校长、教师、学生等之间的关系如上图所示:“学生”在图中处于中心地位, “教师”为学生的学习提供条件,在各方面给予帮助;“校长”则支持教师在课堂上大胆探索,采用复式教学中“同动同静”新模式组织教学;“教研员”则站在更高的层次,积极帮助教师实施新模式,为教师教学、课堂教学改革献计献策。

校长与教研员要认识学校存在的主要价值是为学生的全面发展服务,明确“以学生为中心”的教学和“以教师、教材、课堂为中心”的教学之间的区别,改变“三中心”的教学方式,帮助教师树立“以学生为中心”的理念,采用合作、探究性的学习方式组织学生学习。另外,校长与教研员还有其他方面的任务,如督导、政策制定等,这也是支持教师完成“以学生为中心”的教学目标。

理论讲堂

角色是对有关担任某一特定社会职务的人应该如何行动的一套期待。社会学认为角色是人的社会地位的行动和动态表现,社会心理学认为角色是人在交往活动中通过一系列具有一定模式的学习而得来的行动。无论如何定义,校长与教研员的角色在不断演化,并被赋予了时代发展所需要的很多规范和期望。当前人们普遍认为校长与教研员作为学校的重要角色,必须承担起学校生存和发展的职责,在实践中不断促进学校变革和完善,办人民满意的教育。

每个角色都有它约定俗成的角色规范和习惯。由于传统的职责和教研方式的影响,校长就是一所学校的管理者、决策者,教研员则为众多学校的检查者、督促者。随着校长与教研员职业化进程的逐步加快和新一轮课程改革的不断深入,校长与教研员的角色地位显得愈来愈重要。

服务是新时期对校长与教研员角色的根本要求, 能否把这种服务意识变成一种信念,成为指导管理学校工作的自觉行动,将最终决定学校管理工作的绩效。从教育公益性与经营性相结合的角度来理解校长与教研员的角色，那么，校长与教研员应具有强烈的服务观念，要为学生服务，为教师服务，为教育教学工作服务，注重自身职业的服务性。

校长是在“管理”基础上的“服务”。校长的主要职责是对学校进行科学管理，这种管理的绩效与校长对自己的角色意识和角色定位有关。从教育管理的决策、计划、实施、监督和评价五个环节看，其管理的各个环节都具有服务性，服务是对校长角色的本质要求。

教研员则是在“研究”基础上的“服务”。教研员是理论与实践断层之间的行者，是负责教学研究的人员，他们/她们不仅研究新课程的实施与评价、教材教法、地方课程资源开发、教改实验、教学参考资料的编写、考试的组织与评价方案的制定等，而且还应该研究教师群体的专业发展，依据教师的成长规律和不同类型、不同发展阶段的需要为教师群体提供独特的服务和帮助。

总之，在新课程实施过程中，需要校长与教研员扮演多重角色，已是大势所趋，更是新时代提出的新要求。因此，我们只有虚心学习，大胆实践，认真反思，在工作中时时寻找自己与新课程实施要求的差距，找准自身的角色定位，尽快适应新课程的要求，才能更好地发挥自己的作用。

第2节
校长与教研员的作用

校长与教研员的角色定位问题事关学校和教研室能否顺利完成所承担的职责这一根本性问题。因为校长与教研员的角色定位正确与否直接决定了校长与教研员的工作方向和工作重心正确与否，同时也决定了校长与教研员的工作绩效。

准确定位校长与教研员的角色，是新课程改革的根本要求；努力完成校长与教研员角色的过程，是校长与教研员专业不断提高发展的过程。你认为校长与教研员的立身之魂和立身之本是什么？

请将你的看法写在下面的空白处：

在新课程改革过程中，新的教育教学理念被教师所认同，但如何转化为课堂教学行为则是教师苦恼的问题。教师需要方向引领，需要解决问题的处方，需要有人帮助解决他们困惑的问题。你认为在课程教学改革的过程中，校长、教研员怎样的专业指导对教师的帮助最大？

请将你的看法写在下面的空白处：

新课程理念下，校长与教研员更重要的是要参与和体验课程改革，与教师一同研究教学、一起成长。校长与教研员要帮助教师提升教学经验，升华教学成果。案例是校长与教研员的一次教学支持的听课活动，认真完成活动 2.2 中的任务，可以帮助你进一步反思和准确定位校长与教研员的角色及其作用。

活动 2.2　谈“问题”

仔细阅读下面的案例——一位复式教师的叙述，思考并回答以下问题：

1.你认为校长与教研员的做法是不是对教学的支持？

2.你认为校长与教研员怎样才能使教师更有信心、更有效地参与教学改革？

案例:一位复式教师的叙述

上面来检查。学校安排听了我的一节二级复式课。一年级我讲的是《小伙伴》,二年级讲的内容是《蜜蜂引路》。我不停地在两个年级之间行走,维持课堂纪律。我讲得很多,很辛苦。我感觉,校长和她坐在那里听得也辛苦,似乎还有些无奈。期间她打了两个呵欠,目光里满是对下课铃声的期待。

校长听过我的课,对我的课评价不错。作为教研员,她是第一次听我的课。我对她的印象是:说话很慢,很像睡觉刚醒的样子;声音软弱而无力。我听她备课的时候,我真的睡着了。这次她是来报复我了,她听我的课,也似乎要睡着了。

终于下课了。校长和她一同走出教室。我跟了出来。我谦恭地问道:“您说我的课……”

校长简单地介绍了一下我后并没有多说什么。她先说些无关紧要的话,然后说:“我觉得,这样的课,不应该用传统的‘动静搭配’模式来讲,应该用‘同动同静’模式。在教学中你应该引导学生,让他/她们自己来说说,你应该起到的作用是‘导’,而不应该是‘教’,学生也不应该是‘学’,而应该是‘研’;课堂应该是教师、学生、文本交流的过程,应是交谈,这三者之间的交谈。我觉得你这节课讲得很累。……”

她说了很多的话。

我说的话少,点头的时候多。

我总想把嘴角那丝微笑来得更加谦恭一点儿,可是自己感觉还是很生硬。也或许是我附和的口气,让她忽然找到了一个倾诉的对象。她的话,更加多了,而且极富哲理。

(改编　宋海英)

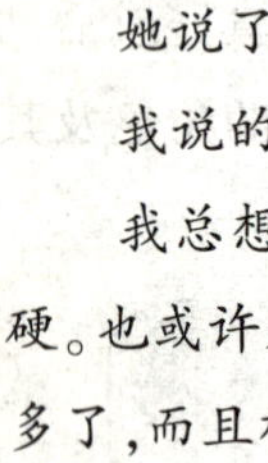

实践应用

“厚德载物”为校长与教研员的立身之魂,“学高为师”为校长与教研员的立身之本。

校长与教研员从管理和研究的基础上,要为教师提供教学方面的服务。作为教学专业的引领者,要把传播先进教育思想、更新教师的教学理念作为"服务"的头等大事来抓 ,研究好教材,研究好教法,研究好教学中的问题及解决的对策,为教师提供切实有效的专业指导。

有效的专业指导是教师所真正需要和欢迎的, 校长与教研员指导教学并帮助教师实现专业发展。"指导"之所以位移至"管理"、"研究"、"服务"之后谈及,不是因为它的地位不重要或下降了,而是因为在新的历史条件下,"指导"必须建立在科学"管理"、深入"研究"与真诚"服务"的基础之上!只有这样的指导才可能是针对性强和有效的,才可能真正得到教师的欢迎。

我们从活动2.2中那位复式教师的叙述中可以看出,她不喜欢这样的听课,不喜欢这样的"指导",显然,校长与教研员的教学支持活动效果不佳。案例中的校长与教研员在进行教学支持时应该遵循以下基本原则。即:

目标明确:在指导教学时,应该抓住一个简单的事实作为目标,指导教师向固定的目标努力。在教学中教师怎样维持教学秩序?

鼓励为主:先谈教学中的优点,然后谈需要改进的地方且一次只谈一个问题, 最后以鼓励结束对这堂课的评价,即"三明治"评课法。

> "三明治"评课法:先谈优点,再谈需要提高的地方,最后以鼓励结束。

态度诚恳:使教师感觉到你是善意的,是一个"救命恩人"。

通力协作:双方共同努力,共同发展。

掌握时机:及时发现问题,及时解决。即便有很多问题,也最好先商谈解决最简单、最容易解决的问题。如"维持课堂纪律"和"'同动同静'新模式的运用",显然前者是首选。

步骤合理:介绍一些维持纪律的方法,找一些老教师介绍经验,去听听其他同事的课等。

校长、教研员每次进教室之前,头脑中应该有这样两个问题:我去干什么?帮助他/她们解决什么问题?校长、教研员不只是到教室听听课,评评课,而应该较系统地帮助教师,提出建议,使教师有一种"救命恩人来了"的感觉。如在听课时,了解这位教师处于什么发展水平,教师在讲课中的问题是什么(每次只解决一个问题)?他/她应该怎样去发展?校长、教研员和有经验的教师一起,通过一个个问题的解决、一个个目标的达成,帮助教师逐渐发展、成长。此外,对教师的帮助和支持应该是有系统的,所以,校长、教研员最好每次作记录,避免下次听课时重复前期的问题,使教师感觉无意义。

对教师来说,课堂改革是永恒的主题,课堂中的成长是最重要的成长。怎样使自己的课堂更高效、更愉悦,成为理想的课堂?怎样通过课堂的成长实现教师根本的成长?这就需要校长、教研员的参与。校长、教研员参与到教师的课堂改革中来,才能激发教师对课改的信心,才能引领教师课改的方向。校长、教研员参与到教师的课堂研究中,与他/她们一同备课,一同反思,一同发现课堂的问题,甚至以一个旁观者的角色帮助他/她们查找课堂中的不足。用事实说话,用数据表达,才能真正实现对教师课堂的引领。

理论讲堂

随着新课程改革的深入,教师在教学实践中会遇到这样那样的问题,教师也会面临各种困惑,需要学校和教研部门指点迷津,提供帮助。校长、教研员努力做先进教学理念的倡导者,先进教学模式的探索者,先进教学内容的传播者,认真担当起教育改革的引领者的角色。

学校的校长、教研室的教研员要积极为教学改革和教师专业成长提供服务。帮助教师解决教学实践中遇到的各种困难和问题,向他/她提供有价值的建议与指导,推进复式教学新模式的改革向纵深发展。教研员每到一所学校,要取得校长的支持,与校长一起,倾听教师的呼声,了解教师的困惑,为教师排忧解难,雪中送炭,并及时提供专业指导。要公正、平等地对待每一位教师,不厚此薄彼,亲一些人疏一些人;不指手画脚,认为自己高人一等。

复式教学新模式的改革,无论是在课程安排上还是在教学内容的更新上,都给教师提供了广阔的创造空间。它带来教学观念、方式的一大改变,就是要求教师要打破原有的教学观、教材观,创造性地使用教材,特别要鼓励教师对学科间的知识进行有机整合。比如:如何把语文与数学进行整合;如何让一年级、二年级的语文课程融会贯通……一切新理念、新问题，都只需着眼于平时的点点滴滴，着眼于引导教师创造性地使用教材，才可能实现教学内容与教学模式的完善统一，才能使教材的普遍性同本地区教学实践的特殊性实现有机结合，才能最大限度地满足学生对学习内容、教学方法的需求，充分调动教学双方的积极性，提高教学效率，从而促进教师在"同动同静"新模式的实施过程中获得专业成长。

"同动同静"新模式的改革，校长、教研员其实和普通教师一样，站在同一条新的起跑线上，但校长特别是教研员的特殊角色决定了他/她们要做到领先一步走进新模式，认真学习，领会新课程标准、理念；深入钻研教材、教法；准确把握新模式的操作奔走及要求，引领教师尽快适应新模式，有效地指导教师的教学。

总结

教学工作是学校工作的核心，是由学校的性质、任务及教育目标决定的。学校是培养人的地方，培养人要通过教学来完成，即教师的教和学生的学来完成，否则，学校就丧失了自己的功能，就不成其为学校了。因此，校长、教研员要把教学工作当做学校工作的核心来抓，最大限度地提高复式课堂教学质量，以促进学生的全面发展，这样才能充分体现学校的教育功能。

校长、教研员的角色定位直接影响校长、教研员的工作绩效，影响教研员队伍的兴衰，影响着学校、教研室的生存。校长、教研员应当是：学校工作的管理员，教学工作的研究员、服务员和教师专业发展的指导员。

单元3　复式教师的需求与专业发展

复式教学质量的提高有赖于复式教师专业发展，复式教师专业发展是为了复式班学生和学校的发展。因此，首先你要关注复式教师的需求，这是复式教师专业发展的原动力。其次，你要在了解复式教师专业发展动机的基础上，运用复式教师专业发展的策略，促进其专业发展。

学习目标

学习完本单元后，你将能够：

- 至少说出两个了解复式教师需求的方法
- 列出三、四条激发复式教师专业发展动机的方法
- 找出两三个复式教师专业发展的途径

学习内容

本单元将包括以下内容：

第1节　复式教师的需求

第2节　复式教师的专业发展动机

第3节　复式教师的专业发展途径

学习时间

本单元学习需要四个学时

学习材料

这部分学习，你需要准备以下材料：

- 笔记本
- 教师需求测量表
- 中性彩笔
- 录音机、摄像机

第 1 节
复式教师的需求

复式教师群体承载着偏远社区的期望，担负着超额的工作量，面临着巨大的工作压力，背负着沉重的生活重担，他们/她们也渴望在温馨的工作环境中快乐地工作、学习。因此，关心复式教师的生活状况、工作，充分了解复式教师的需求，是我们关注复式教师专业发展的基点。你认为目前复式教师有哪些需求？

请将你的看法写在下面的空白处：

基于教师职业的特殊性，我们可以将教师需求分为五个层次：生活需求、社交需求、自尊需求、自我发展和自我实现需求。在你写的具体需求里，你认为哪些是教师的基本需求（生活需求、社交需求、自尊需求）？哪些是成长的需求（自我发展和自我实现需求）？请用红色笔和绿色笔分别标记出来。

你是通过什么方法知道复式教师的这些需求的，请你把你的方法写出来，与大家一起共享。

请将你的看法写在下面的空白处：

通过了解复式教师的需求，可以帮助我们为他们/她们的专业发展提供力所能及的服务，并向上级主管部门提供一些可行的政策建议。下面这个活动给你提供一个方法，既能让复式教师自己表达目前自身各方面的需求，也有助于你进一步了解你身边的复式教师。

活动 3.1　有什么方法吗?

你可以随机抽查一定比例的复式教师，让他们/她们在小纸条上写出："目前在生活上以及教学上最需要哪些帮助？"然后将这些纸条进行汇总，看看与你所了解的有哪些不同？

你还可以设计一个教师的专业发展需求问卷，以调查问卷的形式来了解教师的需求满足程度，以及他们/她们最需要哪些辅助？

你还可以参考附件中提供的问卷表，选择你认为适当的问题，运用到你的问卷中。

实践应用

在开展活动时，如果你是位教研员，你可以向复式教师交待这次活动的目的、意义，打消他们/她们的顾虑，希望他们/她们能认真地参与、诚实地回答。同时，你要使他/她们知道该怎样去做，如附件中的《复式教师需求调查问卷》，教师们只能在每个项目的四个选项中选择一种回答，否则就是无效的。根据教师的选择，你可以统计出教师对问卷上每个项目回答的分值，依此来关注复式教师的需求。

如果你选择教师写小字条的办法收集信息，你有可能会得到一个很开放的结果。但只要你仔细分析，就会从中发现具有共性的东西，这是你要格外关注的。

如果你选择的是问卷表的形式，建议你开始使用时，最好先选择使用一部分问卷表。问题要一个一个地解决，不要着急。待这个问题解决后，再依次解决其他方面的问题。

借助问卷表收集信息，你就需要等问卷收集好以后进行整理和分析。从某种意义上来说，分析资料的难度比收集资料的难度更大。附件中的问卷表是为了让你了解复式教师的实际专业需求，以便更好地为复式教师提供专业发展机会，我们设计该问卷不是任何意义上的测验或评价，而是通过问卷这种手段便利地了解教师的需要。此外，你还可以利用附件中的第六大题，抽时间做个访谈，和复式教师聊聊，或许你也会获取许多有用的信息。

无论你采用哪种方式收集信息，你都应该将结果公布于众，使教师对你所做的事有所了解，便于下次与你配合。

如果你是位校长兼复式教师，那你是最有发言权的人，你可以把自己的需求依次写出，也可以使用问卷表，进一步了解自身需求，这样可以让更多的人来了解、关注我们复式教师的需求，让更多的人伸出力所能及的手，以此改善、发展我们的复式课堂教学，让我们的孩子也能插上腾飞的翅膀。

请根据你的调查和分析，写出目前复式教师最主要的几种需求。

理论讲堂

教师专业发展需要指的是教师通过专业活动获得生存、发展，发掘潜能、完善自我、实现自我价值的欲望。只有在个人的基本需要得到满足后，才可能具有自我实现的动机。但需要是一种内在的冲动与欲望，我们要通过观察或语言信息来了解是比较困难的。通过问卷表调查的目的在于发现复式教师的需要所在，并根据问卷表取得的资料满足复式教师的需求，并采取激发复式教师的专业发展动机的策略。但应当注意教师在运用问卷表进行调查时，调查结果所具有的可信度和应用限度，避免过分相信调查结果，而忽视了对复式教师的真正了解。所以，要求复式教师在填写问卷时可以不写姓名，以期获得较为真实的信息。

问卷调查只是方法之一，除此之外，你还可以通过其他方法去接触教师，了解教师。不管选择哪种方法，目的都是为了了解教师的各方面需求，并以此为据，尽力帮助复式教师不断地成长与发展。

第2节
复式教师的专业发展动机

动机和需求是紧密相连的。动机是激发和维持个体进行活动，并导致该活动朝向某一目标的动力。复式教师的专业成长同样应该有一定的动机作为支持。你认为目前复式教师专业发展的主要动机有哪些？

请将你的看法写在下面的空白处：

写完后，和他人交换意见，进一步讨论这些动机和上一节我们所谈的教师需求有哪些对应关系。

请把它们的对应关系写在下面的空白处：

复式教师既要承担多课教学，又要充当学生的生活教师，有一些还要做学校的管理工作。他/她们的工作压力、社会压力、家庭压力累积起来负重如山，付出与回报的差距甚大。

从第一节，我们就能感受到他们/她们大多数都是跨越低层次需求，而追求高层次的美的需求，面对此情此景，我们应该怎么做，才能让这些教师有更好的专业发展？

活动 3.2　你会怎么做？

与你的学习伙伴或同事一起讨论下面的案例，尝试提出激发和维持复式教师专业发展动机的策略。

案例：

从走访和调查我们的项目校来看，复式教师大多是代课教师，工资待遇仅有二百元，并且乡请和校请代课教师可以随意辞退。复式教学点一般都在比较偏僻的山上或路边，但它却是这些社区非常需要和必需的。复式教学点班级条件极差，不要说多媒体，就连一般的教学用具数量都近乎为零。每学期的乡、县级教师培训，因培训时间、培训费用等原因，大多数复式教师无可奈何地放弃了接触外界、促进自己成长的机会。不过，我们项目校的复式教师对本职工作算是尽职尽责，在教学上投入了较多的精力和时间。

实践应用

案例中描述了当前复式教师的处境，作为复式教学的教学支持人员和校长以及身兼复式教师的校长，怎样才能更大限度地激发复式教师专业发展的动机，是我们首先要思考的重要问题。

如果你是位教研员，你可以呼吁各级政府和社会各界人士关注一下边远山区孩子的教育，倡导他们/她们将更多的慈善资金投入复式教育，改善复式教师的生活、教学条件；如果你是位复式教学教师兼校长，你可以把自己教学的真实处境通过信、网络、媒体传播到外界，唤起更多善良的人来支持你们。

如果你是位教研员，你可以提议或安排适宜的教师培训时间，尽量避开农忙和上课时间,给予工资待遇低的复式教师食宿补助,满足他们/她们接触新知、外界的需求,从而激励其成长、发展,提升自身素质,还给孩子一个高的教学质量。如果你是位校长兼复式教师,你还可以读一些有关新课改的书籍,关注一下教育频道,最好结交一位城市里的同行,能随时和她交流一下教学感想,为自己的专业发展积极主动地创造条件。

如果你是位教研员和校长,你可以尝试建议政府对条件特别艰苦和贫困地区的复式教师要实行高于其他地区的特殊津贴制度,对教学贡献特别突出的复式教师要给予重奖,提升复式教师的职业地位,关注他们/她们的外在动机刺激。

如果你是位教研员和校长,你可以尝试着建立发展性评价激励机制,让复式教师能看到自己成长的足迹,激发其不断追求完善自身的教学和管理能力的动机。此外,激发教师专业发展动机的策略还很多,我们支持人员要有一双善于发现的眼睛,一个善于思考的大脑,反思、总结经验,进一步结合理论学习,不断提高自己的支持能力。

理论讲堂

教师专业发展是为了学生和学校的发展,更重要的是为了教师本人拥有更充实、更有意义、更幸福的新生活。心理学研究表明,动机是由需要激发的。教师在其职业生涯中为满足其自身基本需要,追求更高层次需要的过程就是教师专业发展的过程。满足不同层面的需要便成为教师专业发展的不同层次的内驱力。教师专业发展的基本前提是“教师发展”或“教师成长”。它的直接目的并不在教师个人生活的外部,而在教师的日常生活之中。教师在其职业生涯中所受的影响因素的不同,比如个人的生活背景、认知能力、在自身专业发展问题上的态度和动机水平、校园文化导向等,教师专业发展所达到的实际水平也是不尽相同的。而在影响教师专业发展的诸因素中,驱使教师职业生涯朝着专业化教师这一目标不断前进的推动力,即教师的专业发展动机乃是影响其专业发展进程及水平的内在的核心因素。

教师专业发展动机在教师专业发展过程中起着唤醒教师专业发展意识,促使教师的职业行为朝向专业化教师的目标,激励和维持教师为达到专业化教师这一目标而作不懈努力的作用。教师的专业发展动机越强烈,就意味着教师投入专业发展的热情越高,所作的努力就越大,所能达到的专业水平也就越高。正如有学者所指出的:"名师之所以成为名师,是因为他们/她们努力要成为名师。"因而,考察复式教师的专业发展动机是促进教师专业发展的管理策略中不得不考虑的一个重要问题。

教师专业发展动机类型可以划分为外部和内部动机，教师内在的专业发展动机源于教师对教学专业活动本身的兴趣，教学专业活动能使其获得满足；而外在的专业发展动机则是由教学专业活动以外的刺激对教师诱发出来的推动力。回顾前面讨论的问题,你会发现当前我们复式教师寻求发展的动机主要来源于内部动机，是一种无私的奉献精神动机。这些都说明他们/她们有自我发展良好的发展动机基础,只是缺乏发展的外力推动。如果不把复式教师专业发展提高到关心复式教师个人生活的高度，复式教师迟早会拒绝专业发展。因此,我们应该关注刺激他们/她们的外在动机。

第3节
复式教师的专业发展途径

教师专业发展指的是"教师在整个职业生涯中,依托专业组织,通过终身专业训练,习得教育专业知识技能,实施专业自主,体现专业道德,逐步提高自身从教素质,成为一个良好的教育专业工作者的专业成长过程"。

在第一节和第二节中,我们了解了目前复式教师的需求、动机以及激发其动机的方法。在此基础上,如果你是位教研员,你认为目前复式教师的专业发展存在哪些问题?

请把你的看法写在下面的空白处：

如果你就是位校长兼复式教师，请你作个自评，对于你的发展，你还需要从哪些方面提高自己的水平？你希望你的上级主管部门给予你哪些帮助？

请把你的看法写在下面的空白处：

目前我们的复式教师专业发展还处在一个低水平阶段。复式教学大多数处在农村及偏远山区，交通不发达，信息落后，师资力量也是最薄弱的，课堂教学设施简单、落后。复式教师专业发展存在诸多问题：一是个体方面，部分复式教师的教育观念落后，知识面狭窄、学历偏低、教师平均年龄偏大、教学方法和手段落后，创新精神和研究开发能力不强等；二是外部组织环境层面，复式教师的地位低、待遇低，图书资料少，信息闭塞，工学矛盾突出，教师培训以及合作文化氛围缺失、学校管理制度不完善等。但是复式教学对普及农村及偏远山区的小学教育，在义务教育大发展阶段仍发挥着重要的作用，作为难以避免、同时又具有无限生命力的一种教学模式，在提高贫困地区、偏远山区甚至是发达地区的教育教学质量方面，都仍有很大的提高与发展空间。复式教学能否让学生得到全面、充分的发展，已成为新时期基础教育课程改革中不可忽略的重要一环，直接关系到我国素质教育能否全面、深入地推进，关系到各地区教育均衡发展等现实性问题。

复式教师的专业发展是复式教学发展的希望，直接关系到复式班孩子的成长,因此,如何促进复式教师的专业发展就显得尤为重要。如果你是教研员,面对目前复式教师专业发展面临的诸多问题,你认为应该从哪些方面入手去促进其专业成长发展?

请把你的看法写在下面的空白处:

如果你是位校长兼复式教师,你认为应该怎样做才能提升自己?

请把你的看法写在下面的空白处:

教师专业发展的基础和生命是实践,只有在教育实践中与学校的日常生活相联系,与身边的教学相联系,与生动活泼的学生相联系,依托有利的组织环境,才能真正促进教师的专业发展。那么我们应该怎样做才能促进复式教师的专业发展呢?下面这个活动或许会对你有所启发。

活动 3.3　他 / 她是怎样做的？

教师专业发展的研究开始于 20 世纪 60 年代末的美国，兴盛于七八十年代的欧美。美国、英国、澳大利亚在促进教师专业发展方面，给我们提供了很多有益的做法。如今，我国也极其重视教师专业发展，教师专业发展方面的研究增长很快。你可以上网搜索，也可以查阅教育类的期刊，或者去咨询你的同行和这方面的专家，然后想想下列问题：

1.促进教师专业发展方面，他/她是如何做的？

2.针对复式教师这一特殊群体，你该怎样去做？

3.你还有更好的策略吗？

实践应用

第一，通过对教师专业发展方面的研究细细地梳理，你可能会发现关注农村教师专业发展方面的研究极其有限。而复式教学又是一种特殊现象，复式教师群体的专业发展，目前还不曾有人关注。

第二，你可以带着上述三个问题，再去看你曾细细梳理过的资料，或许这次你会对教师专业发展的内涵有清楚的认识。

第三，你可以把阅读资料的重点聚焦到影响教师专业发展的因素及促进教师专业发展的策略上，想一想你查阅的事例和我们要关注的群体的差异，结合复式教师的发展现状，借鉴你所了解的策略，淘选出你认为可以用的最佳策略，然后尝试着运用到你的实际工作中。

第四，你也可以去找你的同行聊一聊，和他/她们谈谈你的看法与做法，听听他们/她们的建议。如果条件允许的话，你也可以和此方面的专家谈谈你的困惑，看看他们/她们能不能给你支一招。

最后，你还可以模仿你所查看的资料中调研的方法，制作适合你使用的问卷调查表，如《复式教师专业发展现状调查表》。知己知彼，百战不殆。真正了解你的服务对象，你才能找出你工作的切入点，制定出切实可行而且有效的复式教师专业发展规划。

此外，你可能会在工作中遇到迷茫和失败，这很正常，不要气馁，有关复式教师专业发展方面的研究，或许你就是先河的开创者，大胆地去尝试吧，创新的硕果正等你去品尝。

理论讲堂

教师专业发展更注重教师主体的努力。但教师专业发展并不仅仅是教师的事情，它既是社会发展对教师提出的新的客观要求，也是要置于广大的社会环境中进行的，不可能脱离整个教育、社会背景孤立地进行。它需要社会方方面面力量的努力和支持。

教师专业化发展是一个发展的、动态的、长期的、复杂的社会系统工程。复式教师也是我们教师群体的重要组成部分，我们关注复式教师这个特殊群体的发展，也是关注复式班孩子的成长。我们所作的努力在一定程度上也促进、推动了教育公平的发展。

在活动中不但要努力领悟教师专业发展的内涵，掌握必要的策略，认识到教师专业发展的重要性，而且还要着重思考如何帮助他/她最大限度地实现专业发展。

在促进复式教师专业发展中，改善教师的生活待遇，建设一支稳定的教师队伍是当前的首要任务。提升教学质量的关键在于有一支稳定的教师队伍。我们从基线调研中，发现参与复式教学的教师多是代课教师，教师工作量大，教学任务是单式班的二倍，困难也比单式班教学大得多。课堂管理任务很繁琐，但是代课教师的工资一月仅有二百元，与正式教师的待遇有着天壤之别。因此，我们要把复式教育作为政府特别支持的教育，有必要在政策法规上制定有关复式教师特殊津贴的条例，提高复式班教师的经济收入和社会地位，以期保留和争取吸引更多的优秀人才加入到复式教学的教师队伍中来。此外，正式启动城乡教师交流互动的任教行动计划，让市、县学校的教师走进农村中小学校，进行为期两三年的异地交流活动，帮助农村教师开展课堂教学、教研教改和教学管理。

建构和完善县—乡(镇)—学校三级教学支持系统，是复式教师专业发展的关键。一是要重视发展县级复式教学教研队伍，关注和研究复式教学的特点和方法，为一线教师提供新的发展理念；二是要建立乡镇片区教研联组，构筑乡镇间横向教研力，实现合作、交流与共享教研成果。培养学科带头人，激励一线教师从实际出发，探讨有效的复式课堂教学，总结经验，起到以点带面的作用，以期全面提升复式教师的教学能力，增强终端教研服务力。三级教学支持系统构筑了一个立体式教研体系，有效地增强了教研力量，促进了校本教研工作务实而有效地开展。

有计划地开展职业培训是复式教师不断成长的有效手段。一是培训内容要结合当地复式教师专业发展需求而层级递进，先调查分析，然后有针对性地选择培训内容，力求达到“好雨知时节，当春乃发生”的境界；二是要精心选择培训的方式、方法。针对复式教师的教学困难，可以采取参与式教师培训，采用拿来和补缺的方法，更新复式教师的教学理念，扩大复式教师的知识面，提高复式教师的教学技巧和教学管理水平；三是培训中可以多提供案例分析，让一线教师亲身体验、反思，更好地理解新的教育理念，更好地掌握适合复式教学的教学方法。四是培训后要注意跟进研究和支持，注重学有所用，学有变通。此外，还需要上级主管部门制定长期培训计划，切实提高参与复式教学的教师水平。只有这样，才能保证复式教学的质量。

以问题为中心的实践反思和行动研究，是促进教师专业可持续发展的真正动力。复式教学有其本身的特殊性，加之当前对复式教学的研究甚少，因此，复式教师自身的发展主要要依靠他/她们自身去不断地反思和探究，挖掘出复式教学独特的优势和力量。教师的专业发展将持续于教师生涯的整个历程，而教师任职学校的真实情境则是教师专业发展的现实土壤与主要环境。因此，你可以倡导复式教师在日常教学中从以下几个方面记反思笔记：记课堂的成功点；记课堂的失败点；记教学机智；记学生独到的见解；记再教设计。这样可以让他们/她们做到扬长避短、精益求精，使其自身的教学水平提高到一个新的境界和高度。

你还可以建议他/她用录音机或摄像机把其课堂教学过程录制下来，课后再收听、观看。这样有助于他/她清醒地认识真实的自我或者隐性的自我。同时，也会发现在课堂上发现不了或感觉不到的一些问题和情况，从而为他/她进行更加全面而深刻的个人反思提供充分的条件和可能。

以合作与专业探究为基础的合作文化，是促进复式教师专业发展的有效载体。合作型教师文化是教师按照某种合作方式，在互动过程中相互开放、信赖、协作、支持以达成一定目标，从而促进教师共同发展的关系形式。因此，主观上，作为管理者，首先要意识到合作本身对学校的整体发展、对教师专业水平的提高有重要意义。其次要有意识地激活教师的合作意识，改变教师传统的单兵作战的职业意识和习惯，在全校营造合作、互动的文化氛围。

> 安迪·哈格里夫斯认为，真正的合作文化是深层次的、个人的和持久的，是教师日常工作的中心部分，它渗透在日常教学中，是教师之间自发的、自然而然的合作。

客观上，作为管理者，首先要积极主动地创造条件，为教师提供合作平台，其次要尽可能为教师的合作提供时空保障，使教师能够在有限的条件下，最大限度地享受合作带来的益处。此外，管理者要有意识地帮助教师形成“双赢”的思维模式，积极引领学校的人造合作文化逐步向自然合作文化过渡。在开放、和谐的合作文化氛围中，教师之间处于互动的状态，彼此意见、想法、感受的沟通交流不但可以帮助他们/她们共同解决问题，而且教师之间易于产生“共生效应”，有助于他们/她们摆脱专业成长的困境，还有助于他/她们获得心理支持，缓解挫折所引发的紧张、焦虑与压力，为教师创造性思维的发展提供良好的条件。教师合作文化的形成不仅意味着教师间经常性的合作、交流，也意味着教师与学生、家长及专家间合作体系的形成。

教师评价是对教师工作表现作出价值判断以促进其专业发展的连续历程。教师评价是教师专业成长与发展的一部分。因此，在构建教师评价体系时,管理者要摒弃传统的终结性教师评价体系,转而推行开放的发展性教师评价体系,明确解除教师评价与评聘的直接关系。发展性教师评价是以促进教师的专业发展为根本目的,它是一种双向的教师评价,建立在评价双方相互信任的基础上,和谐的气氛贯穿评价过程的始终。而且,它不是指某种单一的评价方式,而是一系列促进教师成长和发展的评价理念和评价方式的总称。

发展性教师评价是一种形成性评价,以教师专业发展为其评价目的,既注重教师当前的工作,又注重教师未来的发展。在实施过程中,根据教师工作绩效,确定教师个人的发展需求,制定教师个人的发展目标,培养他们/她们的主人翁精神,并让教师充分了解学校对他们/她们的期望,制定双方认可的发展目标与计划,评价者与被评价者建立在完全信任的基础之上,双方是友好合作的关系,教师也可以比较民主地参与评价,比较自主地发表意见,自评和互评的和谐气氛贯穿整个评价过程。发展性评价以教师为核心,强调教师的主体地位,其评价报告不是给教师划分优劣的标准,而是教师个体成长的档案袋,不会引起教师间的恶性竞争,不会阻碍教师合作团队的生成,而会成为教师自身成长的反思路。此外,管理者要切实科学地运用开放的发展性教师评价,体现"以人为本"、"以发展为核心"的管理理念,使每个教师都能从评价中获得激励、自信和不断前进的动力,从而形成一个协作的、有凝聚力的团体。

总结

我们相信,通过上述活动,你已经对复式教师的需求、专业发展动机以及促进其专业发展的策略有所了解和掌握。复式教师专业发展的研究还处在一个全新的起点,需要我们付出更为辛勤的努力,全身心地投入,不断地借鉴、总结和交流。

刚踏上教学工作岗位的教师,经过了职前的教育培训,并获得了教师资格证书,但并不意味着他/她就是一个成熟的教学专业人员。教师的专业发展空间是无限的,成熟只是相对的,而发展是绝对的。同时,教师在专业发展的过程中又呈现出明显的阶段性，有发展，有停滞，有低潮。要经历一个由不成熟到相对成熟的发展历程，而且这样一个过程要持续教师的一生。

总之，复式教师的专业发展是一个长期、复杂的过程，它具有自身发展的特点，同时又受多方面因素的影响和制约，它需要社会外部环境支持与复式教师自身努力相结合才有可能实现。

附件

复式教师专业发展需求调查问卷

尊敬的老师：

您好！为了了解您的实际专业需求，以便更好地为您提供专业发展机会，我们设计了该问卷。这不是任何意义上的测验或评价，所以请您根据自己的实际做法如实回答。谢谢您的合作！

一、基本情况

1.您现在所教的科目是____________。

2.您现在任教的年级是____________。

3.您任教本学科的教龄是____________。

4.您现在的职称是____________。

5.您的最后学历是(中专或中专以下、大专、大本或大本以上)________。

二、单项选择题

请阅读1~20题的叙述，根据自己的真实情况，确定选项，在相应的选项上打“√”。

(一)外部环境需求

1.您在待遇上最大的期望是：

①提高工资　　　　②职称晋升

③医疗条件　　　　④住房条件

2.您在业务上最大的发展期望是：

①改进教学实践　②提高理论水平

③提高学历学位　④成为学科带头人

3.您认为要实现您的发展期望最需要的工作条件是：

①校园环境　②办公环境

③互联网络　④教学硬件设施

4.在专业方面您需要学校为您提供的发展机会是：

①外出考察　②学历进修

③业务培训　④校内外交流

5.您觉得学校为您的发展在业务上能提供的有效帮助是：

①业务培训　②开展教学实践研讨

③名师指点　④课题研究

6.您认为学校在专业上鼓励教师发展应该采取的措施是：

①学历进修　②业务进修

③创设学习化环境　④实行形成性评价机制

7.如有培训机会，您最想参加哪项培训？

①专业学科知识　②新课程改革

③复式教学技能技巧　④其他学科知识

8.您希望学校对教师管理：

①规范化　②规范化与人性化结合

③人性化　④民主化

(二)自主发展需求

9.不知道如何准确地把握教材

①经常如此　②有时如此　③不存在

10.教学进度紧，感到有很大的时间压力

①经常如此　②有时如此　③不存在

11.缺少有效的教学辅导材料

①很缺乏　②部分缺乏　③不缺乏

12.缺乏促进不同程度的学生达到教学目标的策略

①经常如此　②有时如此　③不存在

13.对如何激发学习动机缺乏的学生的学习积极性感到无能为力

①经常如此 ②有时如此 ③不存在

14.缺乏有效的课堂管理策略

①经常如此 ②有时如此 ③不存在

15.非教学的任务、安排占用了太多的时间

①经常如此 ②有时如此 ③不存在

16.缺少教学专家对自己教学的持续指导

①经常如此 ②有时如此 ③不存在

17.缺少教研组或备课组的共同研讨和交流

①经常如此 ②有时如此 ③不存在

18.在复式课堂教学中,您最关注的是教学过程中的动静教学步骤搭配

①经常如此 ②有时如此 ③不存在

19.复式班中年级多,无法顺利安排各年级的教学任务

①经常如此 ②有时如此 ③不存在

20.在复式教学中,您最大的教学困难是教学时间少,教学任务完不成

①经常如此 ②有时如此 ③不存在

21.教学设备落后,缺乏教学多媒体设施

①是 ②部分班级是 ③否

22.复式教学中,您备课的最佳方式是表格式

①经常如此 ②有时如此 ③不存在

23.很难每一节课都使学生学得愉快

①经常如此 ②有时如此 ③不存在

24.对新课程“新”在哪里感到模糊

①经常如此 ②有时如此 ③不存在

25.上网查资料不方便

①经常如此 ②有时如此 ③不存在

26.缺乏使用计算机来辅助教学的技能

①完全缺乏 ②部分缺乏 ③不缺乏

27.对所从事的工作缺乏激情

①经常如此　　　②有时如此　　　③不存在

28.复式课堂教学中您使用的最佳穿插方式是体态语言

①经常如此　　　②有时如此　　　③不存在

三、根据下列选项,回答问题,请把相应的选型序号填在横线上。

A.执教学科的教材分析

B.与课改精神相一致的执教学科的教学方法

C.新课程的理念与学科课程标准

D.执教学科知识

E.课堂教学管理策略

F.计算机知识和多媒体技术

G.学生心理知识

H.学习动机的激发与维持

I.学生学业评价

J.教育科研知识(包括教学反思、教育论文的写作等)

K.教师专业发展的途径与方法

L.听课、评课策略

29.上述A—L选项中,您最需要的内容有:________________。

30.上述A—L选项中,您比较需要的内容有:________________。

31.上述A—L选项中,您不太需要的内容有:________________。

32.除了上述内容之外,您还希望学习的内容有:

____

____

____

四、根据下列选项,回答问题,请把相应的选型序号填在横线上。

A.听课、评课

B.讲座与报告

C.校外考察、研讨和交流

D.师徒带教

E.优质课评比

F.专家指导

G.自学研修

33.上述 A—G 选项中,对您帮助最大的方式有:________________。

34.上述 A—G 选项中,对您帮助比较大的方式有:________________。

35.上述 A—G 选项中,对您帮助比较小的方式有:________________。

36.除了上述方式之外,您还希望采取的培训方式有:

____

____

____

五、排序题

37.请您根据对自己的帮助程度,由高到低对下列听课、评课方式进行排序(把排序后的选型序号填在横线上):________________

A.与自己水平相当的教师相互听课、讨论

B.专家、优秀教师和自己合作备课,再听课、评课、指导改进

C.听优秀教师的课,参加讨论并结合自己的教学实际加以应用

D.专家和优秀教师听自己的课并点评

E.听优秀教师的课并听专家点评

F.同课异构、讨论与专家点评

38.请您根据对自己的帮助程度,由高到低对下列专业指导方式进行排序(把排序后的选型序号填在横线上):________________

A.听教育教学理论的讲座或报告

B.课改专家与经验丰富的教师共同指导课堂教学

C.经验丰富的同事对教学实际问题在教材教法方面的指导和交流

D.与同事共同阅读理论材料并相互交流

E.同课异构、讨论与专家点评

39.您觉得培训是否有实效,着重要看下列哪些方面(请按照重要性程度,由高到低排序):________________

A.培训是否使自己从中学到了新知识、新理论

B.培训是否使自己深化了对某些似是而非的知识的理解

C.培训是否使自己受到启发而产生了新的操作思路

D.培训中所学到的内容是否直接可用

E.培训是否真正促进了自己实际工作的提高

F.其他______________________________

六、访谈题

40.您在自我发展上最大的愿望是什么？

41.您希望在教育教学上有什么方面的自主权？

42.您希望学校为您提供什么样的发展机会？

单元 4　营造爱生复式学校

校园环境是儿童健康成长的重要外部环境之一。营造爱生学校是改善校园学习环境、构建爱生校园文化的重要途径。怎样通过营造安全、健康的学习环境和参与式的校园文化从而营造一个合格的爱生学校呢？

本单元将为你介绍一些相关的知识和方法。

学习目标

学习完本单元后，你将能够：

- 列举爱生学校的特点
- 罗列出营造爱生学校班级环境和校园环境的方法
- 说出营造全纳、参与式爱生校园文化的要求
- 说出爱生学校在争取家庭和社区支持时的具体操作策略

学习内容

本单元将包括以下内容：

第 1 节　什么是爱生学校

第 2 节　营造安全、健康的爱生学习环境

第 3 节　培育全纳、参与式的爱生校园文化

第 4 节　构建和谐的爱生学校社会支持系统

学习时间

本单元的学习需要四个学时

学习材料

这部分的学习，你需要准备以下材料：

- 笔记本

第1节
什么是爱生学校

爱生学校的目的在于创建一个以学生为本,处处体现热爱学生的环境,从而实现儿童和学校双方共同的持续发展。你理解的爱生学校是什么样的?

请将你的看法写在下面的空白处:

你认为在农村的复式学校中,营造一个爱生学校需要哪些条件?

请将你的看法写在下面的空白处:

下面活动的主要内容是针对班级环境和校园环境的自我评价,它可以帮助你进一步联系实际思考上述爱生学校的特点,也是你反思和日后营造爱生班级和校园环境的第一步。

活动 4.1 爱生班级环境和校园环境自评

请你按照表 4-1 活动的要求对你所在的学校进行自我评价并表达你关于爱生理念的观点。

表 4–1　爱生班级环境和校园环境自评

爱生理念	我的观点	班级实际环境	校园实际环境
舒适的校园，让儿童安全、自由成长			
健康的环境，帮助儿童养成良好的生活卫生习惯			
平等互助的校园文化，倡导生生平等			
合作关爱的校园文化，倡导师生平等			
环境布置力图最大限度地发挥教育效能，让儿童处处受教育			
开展各种活动，使儿童时时受教育，事事受教育			
儿童在一定程度上可以享受到学校管理的参与权			
社区和家庭可以参与学校管理			

实践应用

请你先观察表 4–1 评价表中爱生理念的各项指标以及相关操作要求，对此有一个大概的了解。

请你根据操作说明，填写自评表。在自评表中列出了一些有关爱生学校的重要理念。首先，请写出你对于这些理念的观点看法或判断评价；其次，后面的“班级实际环境”和“校园实际环境”两栏，请你列举一些据你所知道的事实给予说明。比如在说明第一则爱生理念“舒适的校园”时，在校园实际环境中你可以列举 “校门口存在交通安全隐患”、“校园中无供学生活动的操场”等来说明现状中的不足；你也可以列举“校园绿化优美”、“能提供充足的儿童阅读材料和安静的阅读环境”等来说明现状中令你满意的方面。注意所举事例必须具体、可信，实事求是。

通过这个自评表，你开始对自己班级和校园的环境现状有了一个新的认识和评价。你的心里一定在思考着“如何去营造一个符合爱生理念的班级和校园环境”这个问题，这正是我们希望达到的效果。接下来，请你带着这个问题进入下面各节内容的学习吧。

理论讲堂

在中国，复式学校大多位于边远贫困地区。由于当地的基础教育状况普遍欠发达，因而在教育资源的及时获取、有效内化过程中，还存在很多需要改进的方面。在项目推行的两年多时间中，我们努力通过教学器材、图书等音体设备的配置等，改善学校的教学条件，为孩子们营造较好的学习条件。我们期盼通过多方面的关注和支持，切实促进儿童权利在复式学校的落实，推动儿童获得高质量的身心健康发展机会。

理想中的爱生学校就是要创建一个以学生为本，处处体现热爱学生的环境，从而实现儿童和学校双方共同的持续发展，其特点主要体现在以下几个方面：

教学环境是有效的：教学应该培养儿童的社会生存能力，促进其成长发展，能够有效地提高学生的学习成绩和多方面技能。

学校环境是卫生、健康、安全的：保护学生在身体和心理各方面快乐成长，帮助学生养成良好的生活习惯，创建和谐的校园环境，以使学生获得安全感。

学校教育是全纳性的：无论学生的性别、民族、能力及家庭经济状况如何，都被视为学校平等的一员，爱生学校在教育教学各方面尤其关注性别平等，倡导儿童在互助、合作中成长。

学校事务是由社区和学生家长共同参与的：在学校的带动下创建周边良好的社会支持环境，鼓励社区和家庭参与学校的监督、管理。

第 2 节
营造有效、健康的爱生学习环境

在校园的每一个角落，都潜伏着教育的力量，等待我们的教师去发掘。如何去发掘这些教育因素，营造高效率的育人环境呢？

请将你的看法写在下面的空白处：

你认为一个复式班级的环境设置如何体现出“爱生”的理念？

请将你的看法写在下面的空白处：

下面的活动主要内容是对爱生校园环境的量化评估。请你认真完成，它将对理解爱生学校有一定的帮助。

活动 4.2　爱生校园环境量化评估

请你按照表 4–2 的要求给你所在的学校打打分，看看它是否符合爱生校园的要求。

表 4–2　爱生校园环境量化评估

评估指标	是	否
教室及校园内有展示学校、教师及学生成长业绩的设施		
学校有足够的课桌椅和教室		
校园布局合理，有学生娱乐游戏的场地和设施		
学校有能满足学生学习和生活需要的设施和设备		
学校校舍和设施定期进行维护保养		
学校有卫生的男女厕所，并定期清理		
学校为学生提供洁净、安全的饮用水		
有干净、整洁、安全的校园环境		
学校的垃圾得到妥善处理		
校园周围 250 米内没有干扰性设施		
学生人人有一套完整的课本		
总分		

实践应用

请你根据表 4-2 所列指标，联系实际对你所在学校进行量化评估。爱生校园环境量化评估共 11 项指标,根据你所在学校的具体情况给每一项指标打分。回答“是”的计 1 分,回答“否”的不计分,最后将总分相加。

评估完成后,按照前述说明计算总分,进行结果分析。如果最后的总分低于 6 分,说明你所在的学校这方面存在着比较大的问题,需要积极加以改进。

通过量化评估，我们可以直观地了解到我们在校园环境建设中做得好的一面和不足的一面。对于这些不足的方面,我们要动脑筋想办法予以积极对待。有些问题可能会受到经费和诸多现实因素的制约,不可能尽善尽美地得到解决,但相信只要我们齐心协力、尽最大努力为儿童创建一个充满关怀和爱的校园,我们就在一步步向爱生学校走近。

理论讲堂

在校园的每一个角落,都潜伏着教育的力量,等待我们的教师去发掘。那么,如何去发掘这些教育因素,营造高效率的育人环境呢?

复式班级学习环境的营造应该从以下几个方面入手:

首先是复式班集体的培养。班级是儿童学习生活的核心环境,对儿童性格和行为道德的养成发挥着举足轻重的作用。复式班级中学生间的个体差异较普通授课班级更为明显，不同年龄段学生间的接触也较普通班级更为充分。在这样一个班级中,注重对学生之间友谊的肯定,对集体意识的教育,对班级干部的培养,会极大地推动班级的积极健康发展,避免班级内部出现分裂,造成班级凝聚力的下降。

在对待学生之间的友谊方面，教师可以鼓励班级中能力较强的儿童与需要帮助的儿童间建立互助、关爱的小伙伴关系，帮助他们在课后开展各种活动，成立各种活动小组，在学习、活动的过程中，学会尊重他人，帮助他人，学会与小伙伴建立真诚、美好的友谊关系。

在对待集体意识的教育方面，教师朋友们可以从两个方面开展工作：一是可以通过班会、卫生大扫除等集体活动明确地向儿童提出珍惜集体荣誉、树立集体意识的各种具体要求；二是在日常的一言一行之中，始终不忘对儿童进行集体主义教育，发掘课外阅读、报告会、游戏等各种活动中的集体主义教育因素，时时提醒儿童做一个有利于他人和集体的人。

在班干部的培养方面，作为复式教师，要注意各年级中班干部的比例，根据具体情况，在尊重学生意愿的基础上，合理分配职务。切不可一味选用高年级儿童进行班级管理，这样既不利于班级的团结，也打击了儿童的参与意识与主人翁意识。低年级儿童尽管在自我管理和班级管理中略有欠缺，但作为同龄儿童，在本级儿童中往往享有更高的威信，体现出更多的民主意愿。我们营造爱生、有效的班级学习环境，一个很重要的方面，就是要尊重儿童的参与权。

其次是复式班级文化的培养。班级文化既是班级师生精神风貌和学习风气的体现，又在自身的不断发展中发挥着潜移默化的教育作用。儿童在校学习期间，班级文化对其人生观和价值观的形成起着不可忽视的作用。

复式班级的文化建设与普通授课班级同样重要，教师可以通过各种班级规章制度的制定和班级活动的开展，鼓励儿童民主协商、积极参与，共同创建健康向上的班级文化，发挥班级软环境最大的教育效率，让儿童在属于自己的文化氛围中成长。

再次是复式班级环境的设置。班级的环境设置最能直接地体现出“爱生”理念。对儿童的关心和爱护，应该体现在每一个细节当中，在每一处环境的设置上，都能够从儿童的立场出发，同时力求最大限度地发挥教育的功能。

对于复式教学班级来说，除了遵从传统班级环境设置的原则外，更应该力求贴近复式教学的特点，在班级的布置和摆设上，多动脑筋，多想办法，合理利用各种教学资源，力求使所创设的教学环境有利于帮助儿童克服复式教学中的一些干扰因素和不利影响，充分发挥班级硬环境的教育作用。有关复式班级的环境布置，我们在《复式教学自学手册》的相关章节中已经作了详细介绍，这里就不再多说了。

第 3 节
培育全纳、参与式的爱生校园文化

> 全纳是指平等接纳所有儿童，反对排斥和歧视，满足所有儿童的不同需求。

全纳性和参与性是爱生学校的重要理念和办学特色，其观点主要包括以下四个方面：集体和睦共处，每一位儿童都是集体平等的一员，人人都受欢迎；人人都有参与权，每一位儿童都是学习的主人，每一位儿童都参与自我管理和集体管理；集体互助合作，儿童个人的问题也是大家的问题，只有相互帮助共同合作，才能解决问题；满足每一位儿童的需求，使教育的功能不再是筛选人，而是培养人，尽一切可能满足儿童不同的教育需求。

按照上述全纳性和参与性的教育理念，也可以从全纳性和参与的理念出发。那么，我们在创建爱生复式学校时，如何培育出符合爱生要求的校园文化环境？

请将你的看法写在下面的空白处：

在农村复式学校的学生中，有很大一部分父母都在外务工，由家中的爷爷奶奶代为看管照顾。这些学生一方面缺乏父母的亲近与关爱，另一方面又容易受到爷爷奶奶的溺爱，养成一些不好的生活习惯和性格品质。对于这些儿童，创建爱生校园的教育工作者们尤其要多下工夫多留心，细心了解儿童在校内外的表现，并为之建立专门的成长档案，及时疏导儿童的压力，帮助其改变不良习惯，学会生活自立。

下面的活动主要内容是对校园文化的量化评估。请你认真完成，它将对理解爱生学校有一定的帮助。

活动 4.3　爱生校园文化量化评估

请你按照表 4-3 的要求给你所在的学校打打分，看看它是否符合爱生学校的要求。

表 4-3　爱生校园文化量化评估

评估指标	是	否
学校服务半径内男女童入学率达到 98%以上		
没有学生留级		
有特殊需求的儿童能随班就读并得到平等对待		
没有学生被划为差生		
校园内不存在因性别、文化、社会地位、宗教信仰或贫富等因素而出现对某些学生的歧视		
学生基本无逃课和旷课现象		
有 90%以上的学生说他/她们在学校生活非常愉快		
没有因与教师个人关系紧张而退学或转学的学生		
学生在校内外行为举止文明礼貌，使用文明用语		
男女学生间在就学机会和学业成绩上不存在差异		
校园内不存在学生之间以大欺小的现象		
定期测评学生学业成绩，但不单纯以分数衡量学生		
给男女学生平等的表现自我的机会		
不留超量作业或惩罚性作业		
不对学生进行体罚和变相体罚		
教师能运用现有教学设备改进教学，提高学生学习兴趣		
教师定期开展教育教学方面的交流与展示活动		
教师积极尝试以学生为中心的探究和参与式教学方法		
教师有参与校本课程开发的能力和机会		
教师通过参与教育科研不断提高科研素质		
总分		

实践应用

请你根据 4–3 所列指标，联系实际对你所在学校进行量化评估。爱生校园文化量化评估共 20 项指标，根据你所在学校的具体情况给每一项指标打分。回答“是”的计 1 分，回答“否”的不计分，最后将总分相加。

评估完成后，按照前述说明计算总分。如果最后的总分低于 12 分，说明你所在的学校这方面存在着比较大的问题，需要积极加以改进。

通过量化评估，我们可以比较直观地了解我们在爱生校园文化建设方面哪些地方做得好，哪些地方做得还不够。做得好的地方，我们应该坚持下去，力求做得更好。做得不足的地方，我们应该有针对性地加以改进，不断地加强爱生校园文化建设，营造温馨的校园文化氛围，促进儿童全面发展。

理论讲堂

全纳性、参与性的爱生学校，首先应该消除年龄、民族、性别和宗教信仰方面的歧视，让儿童在平等互助的校园气氛中快乐地学习和生活。让每一个儿童都得到赏识，这是每个教育工作者都应该遵循的原则。在我国，复式教学多存在于偏远落后的农村地区，尤其是在西部少数民族聚居地区，存在着相当数量的复式教学学校和班级。创建全纳式的爱生复式学校，要求我们能够切切实实地平等接纳一切儿童，消除校园文化中所有的排斥和歧视，保护儿童，不因儿童在民族、性别和宗教信仰上的不同而持差别对待态度，尊重儿童间的差异，教育儿童相互关爱和信任，让儿童在校园生活中体会到真诚和爱。

消除教师和学校的绝对权威，让儿童在民主协商、积极参与的文化氛围中健康成长。爱生学校理念的提出，是对传统教师和学校绝对权威的挑战。在爱生校园中，学校是儿童学习、游戏和生活的场所，教师是儿童的良师益友，是儿童的协助者和指导者。儿童应该被赋予信任，激励他们/她们树立民主观念，以主人翁的态度参与校园的学习和生活，以此培养儿童的社会责任感。

鼓励儿童合作学习，鼓励儿童自我管理，创建复式校园积极的学习风气。复式教学的特殊教学环境为儿童提供了优越的合作学习空间。拿两级复式班来说，在非主导教学班的同级儿童之间，异级分组合作的儿童之间，小助手和其他儿童之间，都可以建立起互帮互助的合作学习关系。教师发挥在儿童学习中的指导和监督作用，相信儿童具有自我管理的自觉性和合作学习的能力，充分引导儿童发挥参与意识，学会关心别人和帮助别人，学会以谦虚的态度学习别人的优点，从而形成积极向上的校园学习风气。

倡导教师钻研教育教学方法理论，关注儿童身心两方面发展，满足所有儿童的发展需求。爱生校园文化建设的另一个重要方面，就是要求教师能够认真备课，认真批改作业，认真学习、巩固专业知识，还要在课余时间认真钻研教育教学的相关理论和方法。对教育教学方法理论的学习绝不是可有可无的“无用功”或“麻烦事”，它关系到正确的教育理念的形成，是教师在实际教学中不断成长、取得进步的保障。教师在自己的业务钻研中，不断将理论知识用于教学实践，不断积累经验，更正错误的教育理念，形成自己较为完善的教育思想，唯有这样，才能真正地服务学生、爱护学生。

第4节 构建和谐的爱生学校社会支持系统

《儿童权利公约》认为，家庭是保证儿童权利最自然、最根本的社会单位。学校与家庭的联系越多，儿童的表现越好，爱生学校离不开家庭的支持。

作为创建中的爱生学校，与家长们的沟通渠道是多种多样的。你与家长沟通经常采用哪种方式？

请将你的做法写在下面的空白处：

营造爱生学校和谐的社会支持系统，除了获得来自儿童家庭方面的支持外,还应该拓展范围,在社区中寻求良好的支持。你的学校所在社区的情况如何？你可以从社区获得哪些帮助？

请将你们的情况写在下面的空白处：

下面的活动主要内容是有关爱生学校社会支持状况的量化评估。请你认真完成,它将对理解爱生学校有一定的帮助。

活动4.4 爱生学校社会支持量化评估

请你按照表4-4的要求给你所在的学校打打分,看看它是否符合爱生学校的要求。

表4-4 爱生学校社会支持量化评估

评估指标	是	否
建立家长与学校联合会,并定期开展活动		
学校经常与家长就学生的学习及身心发展情况交换意见		
学校得到社区的支持,并从社区获得资源		
学校在制定发展规划、政策及组织相关活动时,听取社区群众的意见		
学校倡导、组织师生参加或协助社区开展各种活动		
学校积极协助社区帮助适龄儿童按时入学		

实践应用

请你根据下表中所列指标,联系实际对你所在学校进行量化评估。爱生校园社会支持状况评估共6项指标,根据你所在学校的具体情况给每一项指标打分。回答“是”的计1分,回答“否”的不计分,最后将总分相加。

评估完成后,按照前述说明计算总分。如果最后的总分低于4分,说明你所在的学校这方面存在着比较大的问题,需要积极加以改进。

通过量化评估,我们可以比较直观地了解我们的学校得到了哪些社会支持,哪些支持强而有力,哪些支持还体现得不够。一方面,我们应该积极地和支持学校工作的社会力量保持良好的互动;另一方面,我们还应该争取更多的目前对学校支持还不明显的社会力量支持学校的建设。只有多种社会力量都支持爱生校园的建设,爱生校园的建设才会获得充足的动力,才能更好地促进儿童的学习与成长。

理论讲堂

《儿童权利公约》认为,家庭是保证儿童权利最自然、最根本的社会单位。学校与家庭的联系越多,儿童的表现越好,爱生学校离不开家庭的支持。

作为创建中的爱生学校,与家长们的沟通渠道应该是多种多样的,最常见的方式是成立一个由家长代表组成的学校管理委员会,定期召开委员会会议,研讨学校工作,让家长参与制定学校的发展规划。学校还可以考虑在农闲时节或节假日邀请家长参加家长学校,改变过去汇报、告状式的家长会,在家长学校设立各种培训班、研讨班,确定一些与儿童家庭教育、儿童身心发展特点、家庭教育与学校教育相关的主题内容,使家长们通过参加各种活动,收获一些儿童教育方面的知识,搭建双方沟通的便捷平台。在有可能的情况下,学校也可以举办一些由亲子共同参与的文体活动,甚至还可以在活动中邀请儿童的兄弟姐妹一起参加，扩大爱生理念在社区的影响力，也为学校、家庭和儿童三方面的友好交流创造环境。

营造爱生学校和谐的社会支持系统，除了获得来自儿童家庭方面的支持外，还应该拓展范围，在社区中寻求良好的支持。社区中蕴含着丰富的教育因素，是儿童了解社会、接触社会的第一扇窗口。社区的基本工作之一，便是鼓励儿童学习好课内外知识。学校的教育教学工作需要同社区工作有计划地结合起来，学校为社区提供场地、设备，参与社区工作，把社区的事务当做是教育儿童迈向社会的第一步。这样，学校、家长、社区，每位成员各司其职，对儿童进行更为广泛的教育。

当然，在获得家庭和社区的支持上，学校和教师都面临着诸多现实条件的制约。在具体问题的解决上，教师和学校工作人员可以考虑采用灵活多样的沟通手段，本着互惠双赢的目的争取最大范围的支持。

总结

班级是个小课堂，校园则是个大课堂。校园中的一草一木，每一项设施都应该是健康、安全、有利于儿童成长的。水龙头的高矮应该符合儿童的身高，操场的活动设施应该洁净、安全，教室宽敞明亮，食堂符合卫生要求，等等。教育工作者营造爱生学校，就是为儿童营造一个充满关爱的“第二家庭”。

在日常的教育教学过程中，我们也应该注意不因儿童在年龄、学业成绩等方面的差异而有所偏向，在每一处细节中都体现出对所有儿童的尊重，不按照成绩排座位，不分快慢班，不以冷漠或苛刻的态度对待“后进生”。儿童没有绝对的好坏，一个儿童或许在学习上表现较好，另一个在学习上虽然较差，但在纪律、习惯或助人为乐上也许就有较好的表现。对爱生学校来说，每个儿童都是好学生。在这里，儿童应该在尊重与平等的校园文化中学习知识，学习做人的道理，学习健康的生活方式。

儿童以积极的态度参与校园学习和生活，会让他/她们每一天的学习都成为快乐的学习、有效的学习，而这也正是爱生学校所追求的目标。在爱生的校园文化气氛中，学习的过程是儿童享受教师服务的过程。教师在这样一种文化中追求真实有效和互动生成，以学生的原有学习基础为基础，让学生在熟悉的生活情境中学习鲜活的知识。教师和学生不仅仅是通过语言进行讨论或交流，更主要的是进行平等的心灵沟通。教师凭借丰富的专业知识与社会阅历感染、影响着学生，同时，学生的见解和来自学生的生活经验直接或间接地作为个人独特的精神展示在教师面前。

单元5
复式教学研究与复式教学方法创新

积极开展复式教学研究，是培养跨世纪人才的需要，是深化改革的需要。由于复式办学规模小,教师少,教研力量单薄,研究课多普及性,少提高性,所以,作为校长或教研员,有责任在复式教学研究与复式教学方法创新方面给予复式教师一定的支持和帮助。

本单元将给你介绍一些相关的知识和方法。

学习目标

学习完本单元后,你将能够：

- 说出复式教学研究的重要性及研究方法
- 指导复式教师对教学进行研究
- 罗列出几种新的复式教学方法
- 进一步指导复式教师进行教学方法创新

学习内容

本单元将包括以下内容：

第 1 节　复式教学研究的目的及类型

第 2 节　复式教学研究的方法

第 3 节　复式教学方法的创新

学习时间

本单元的学习需要三个学时

你需要的材料

这部分的学习,你需要准备以下材料：

- 笔记本
- 黑板或硬纸板(可用废弃的烟盒、药盒等替代)
- 签字笔或中性笔

第1节
复式教学研究的目的及类型

要教好学生,提高复式教学质量,教师光有热情是不够的,更需要潜心钻研教学,长期不懈地总结经验,探索复式教学的规律。你作为校长或者教研员或者复式教师是如何认识复式教学研究的?

请将你的想法写在下面的空白处:

你在平时的工作中,都进行了哪些方面的复式教学研究?

请将你的研究成果写下在空白处与大家分享:

你在复式教学研究方面对复式教师是如何进行指导和支持的?如果你是位复式教师,你希望领导能在哪些方面给予指导和支持?

请将你的想法写在下面的空白处:

据你了解，你所在学区的复式教师对教学做了哪几方面的研究？

请将你的做法写在下面的空白处：

完成下面的活动，可以帮助你对复式教学研究有进一步的了解。

活动 5.1　大家来分享

组织你所在教学区的全体复式教师开一个主题班会，讨论一下你们各自对复式教学研究的认识（包括复式教学研究的目的、重要性及研究的类型等），需要改进的地方，分别写在纸上或者黑板上，通过分析，总结出有代表性的几个观点，供大家分享。

实践应用

要对复式教学进行改革，首先必须了解当前的复式教学现状。可以用座谈的方式也可以用问卷或访谈的方式搜集资料，通过分析找出当前教学中的优点和不足。如果你所在教学区的复式教师对教学研究了解不多，你可以先通过讲座或者培训的形式给他们/她们讲解复式教学研究的理论知识，指导他们/她们进行实践。

你可以利用可能利用的力量，在几年时间内，造就一支力量较强的复式研究队伍，做到“新老结合，带头有人，骨干形成，新生力量有扶持”，要有意识地重点培养复式教学学科带头人。

百年大计，教育为本；教育大计，教师为本。加强教师队伍建设，提高教师思想业务素质是提高教学质量的关键。提高复式班教师的教学能力及水平是当前各级教研机构和学校的当务之急。作为校长或教研员，你有责任引导广大教师努力学习教育理论，结合实际进行教育教学研究，总结经验，推广经验。眼下，有许多教师在教学研究中已尝到了甜头，认识到教研能促进教学质量的提高，所以，复式教学研究与教育教学工作紧密结合是提高教师素质的有效途径，是教师向研究型教师转变的一个重要环节。

理论讲堂

复式教学的研究是以教学理论为指导，以复式教学领域中发生的现象为对象，以探求复式教学的规律和前景为目的的创造性的认识活动。简言之，就是在教学理论指导下研究复式教学现象，探索复式教学规律，以了解复式教学中的新问题的活动。复式教学研究的根本是掌握和运用复式教学规律指导教学实践，同时，还要进一步探索教学规律，提高教育教学质量。

复式教学研究与其他研究一样，从不同的角度看有不同的分类方法及类型。

从研究范围讲，分宏观研究和微观研究。宏观研究是指大范围内的整体性的研究。它包括两个方面：一是复式教学与外部环境关系的研究，如复式教学与当地经济发展，复式教学与计划生育，复式教学与普及义务教育等关系的研究；二是复式教学内部带全面性问题的研究，如复式教学的特点、规律和原则，复式教学质量的评价、复式教学的管理等。这大多是属学校之外职能部门的研究任务。

微观研究是对复式教学内某个单独因素的具体研究。如自动作业规范化、序列化的探索，如何处理好直接教学与自动作业的关系，如何贯彻“三为主”思想，做到课堂教学复而不杂，统而不死，精而不繁等课题的研究。这些都是复式班教师所进行的实际问题的研究。

从研究性质讲,分理论研究和实践研究(或应用研究)。理论研究是以揭示教育现象的本质、阐明教育的客观规律、概括教育教学的基本理论原则为目的的研究。它具有高度的抽象性、概括性,如复式教学的产生和发展,复式教学的教育学、心理学以及哲学基础等。这些研究多数是理论工作者的事。

实践研究是把理论知识转化为教学技能、教学方法、教学手段和教学方案,使理论与实践紧密结合起来,达到某种预定的目的。比如,复式教学如何克服不利因素和发挥潜在优势,复式教学中的动静关系,复式教学中的小助手培养等问题。

从研究的内容讲,分管理研究和教学研究。管理研究大致可分为政府、学校、社会三方面的行为,各有其不同的职能,但目的都是促进复式教学活动逐步科学化、制度化和规范化。因此,要研究的内容极其广泛,如复式教学的基础建设、师资队伍建设、常规管理等,甚至复式班如何编班、排座、排课表等。这种研究多数是管理职能部门所要进行的研究。

教学研究教学是学校工作的中心,也是教师的基本任务,需要研究的内容更为宽广和细微。如复式教学的特点规律、原则和方法以及复式教学如何全面贯彻教育方针,培养德、智、体全面发展的社会主义新人的探讨;复式教学对学生的知、情、意、行的培养,以及教学过程中备课的形式和方法,自动作业的设计和安排等各环节的具体研究。

从研究项目讲,分常规研究和专题研究。常规研究是对日常教学实践中产生的一些研究项目的研究。比如怎样写复式教案,如何科学安排复式课的时间,怎么培养复式班学生自学能力等。这种研究多数是在学校内进行的经验性的研讨,问题单一、集中,具有很强的适用性和操作性。

专题研究是研究者根据教学活动中的某种现象, 提出定向研究课题的研究。一是通过调查了解,分析综合形成具有普遍意义的专题结论;二是通过定性、定量、对比等实验手段形成可行性的结论。如复式教学在普及义务教育中的地位和作用,复式班的教学质量并不亚于单式班等。

从研究的形式讲,分集团性研究和个体性研究。集团性研究是两个以上集体联合起来进行的研究。目前,各省、市、区都设有省、地、县(市)、校四级共管的实验课题研究或地、县(市)、校三级共管的实验课题研究,以至县、校两级共管的实验课题研究均属集团性的研究形式。这种形式人力、物力和财力均雄厚,研究有一定的深度和广度。

个体性研究是研究者独自进行的研究行为。其特点是:研究课题较小,选择的自由度大,课题集中,成功率较高,简单易行,见效快。比如复式班小助手的培养及使用,自动作业的设计与安排等研究。

要搞好复式教学,提高教学质量,不是一件简单的事情。复式教学研究是一个长期的历史性内容,它在我国将以一种形式长期存在,我们要认识到复式教学的重要性,其任务的艰巨性。只有加大复式教学的研究,才能充分发挥复式教师对教学的指导作用,不断提高复式教师的专业素养和教学水平,提高教学质量。

第2节
复式教学研究的方法

开展复式教学研究,对巩固普九成果,促进教育的均衡发展,提高各地区小学复式教学的整体质量有着十分重要的意义。进行复式教学研究,除了掌握复式教学研究的意义和类型之外,还要了解如何进行复式教学研究,即复式教学研究的方法。你在工作中是怎样进行复式教学研究的?

请在空白处详细介绍:

运用上述方法之后，复式教学的成效表现在哪些方面？

写出来与大家一起分享：

完成下面的活动，可以帮助你对复式教学研究方法有进一步的了解。

活动5.2　人人都有份儿

召开"复式教学研究方法"主题会议，让复式教师各自阐述对复式教学研究的认识，并说出自己都运用什么样的方法对复式教学进行研究，什么样的方法最适合，研究的结果如何。大家把各自的观点写在大白纸或黑板上，然后你进行总结，选出两到三种最集中的办法进一步探讨。

实践应用

如果你所在的学校不是一校一师，那么你就可以组织所有复式老师进行讨论；如果你所在的学校是一校一师，那么你可以和周边学校的老师进行讨论，也可以自己和自己讨论，达到自己研究水平的升华。和复式教师进行讨论，得出的结果可能不太集中，也许每个人都各有一种不同的看法，不要紧，大家根据教学成果来推选几种较为集中的看法，深入探讨，结合理论的学习来加强实践，提高教学质量。

你可以以县或地区为单位，建立复式教学中心教研组，由长期从事复式教学工作、具有一定的复式教学经验、又有研究精神的复式班教师组成。县中心教研组可以每学期举行一至两次较大的教研活动。你也可以建立起区、乡一级的复式教研组织，从上到下，形成复式教研网。区可以成立复式教学教研组，成员由各乡复式教学骨干教师组成，校长担任正副组长。每学期有准备地召开一次教学研究会。各乡也要相应地建立复式教学教研组，健全复式教学研究网络，保证教研活动的正常开展，为培养中青年骨干教师创造良好的条件。

理论讲堂

目前复式教学的突出问题是教师仍然在以教师为中心、以课本为中心、以传授知识为中心的教学观指导下进行教学，方法陈旧；仍然采用动静结合的教学方式，干扰严重，甚至一节课有一个年级动到底或者静到底，教学效率低下，多数教学班教育教学质量比单式班差。校长或者教研员必须积极引导教师深入研究复式教学，采用正确的方法研究复式教学。

复式教学研究的方法与单式教学活动的方法基本一致，下面介绍几种常见的方法供参考。

坚持听课、评课。听课，就学校管理而言，它是学校领导深入课堂管理教学的重要手段。一般分为了解情况性的听课，检查促进性的听课，总结经验性的听课，提高教师素质的听课等。就教研活动而言，它是带有研讨性的经常性的一种活动。因此，听好这些课，应做好以下准备：课前要有充分准备；组织教师听好课；做好课后调查；课后组织听课教师座谈讨论。

评课，往往与听课联系在一起，特别是富有研究性、示范性、总结经验性的听课，需要组织大家认真评课，从而达到交流教学经验，探讨新的教法，提高教师知识水平和业务能力的目的。

作为教研活动，除了有目的、有计划、有组织地听课、评课外，还可以引导复式教师拜师学艺，以老带新，以熟带生；组织教师与教师，学校与学校之间互相听课、评课，集体备课，以达到扬长避短、共同提高的目的。

组织经验交流。经验交流是学校经常开展的一种教研活动，是互通信息、切磋教艺、共同提高的好形式。交流必须具有先进性、代表性、指导性。

举办专题讲座。复式教学专题讲座是根据各地区、各校具体情况，针对各种知识或理论上的问题所进行的一种教研活动。其内容是有关教育教学的基本知识、基本理论和实践经验。其形式是专人讲授，中心发言，集体讨论。要办好专题讲座，必须做到：有充分的准备，选准课题，找好主讲人，草拟好提纲；确定好时间、地点以及参加人员；布置好场所；考察效果，检查听讲笔记，进行口试或笔试，写心得体会等。

"走出去，请进来"。"走出去"，是为学习别人的先进经验，有目的、有计划地派遣教师和学校行政人员外出参观、访问、听课、听学术报告，参加业务培训等。这种活动学习内容丰富，选择性强，既可以开阔眼界，提高认识，也可以启迪思维，丰富知识。"请进来"，同样是为学习别人的先进经验，有目的、有计划地邀请外地的专家学者、特级教师、先进模范人物来本地讲学、讲课。

开展教改实验。教改实验，又名"教育科研实验"。它是为解决某一教育问题，根据一定的教育设想，在控制的条件下，进行教育实践以探索教育措施与教育效果之间的因果关系且要作出科学结论的一种研究方法。其特点是实验有设想、有控制、有措施、有结果、有测查鉴定。实验的一般步骤是：撰写实验方案，即实验计划；按照方案组织实施；总结验收。

复式班规模小，教师少，教学任务繁重，再加上经费紧张，教师们无法走出校门学习和交流。他们/她们只能是闭门造车，课题研究就难以取得重大突破。复式班教师大多数没有系统学习过复式教学的基本理论，几乎都是凭实践经验进行教学，缺乏科学的教育理论指导。因此，开展一些乡际复式教学研究活动，给广大复式班教师提供一些学习、观摩和交流的机会；举办骨干教师培训班，在教师继续教育时进行专题讲座，以提高复式班教师教育教学研究能力，是非常必要的。

第 3 节
复式教学方法的创新

复式教学是一门教育科学，也是一门课堂教育艺术。复式教学大多在边远山区、条件较差的农村小学开展。就目前看，复式教学质量无论是全国还是某一地区都还不够高，发展也不平衡。目前复式教学还存在着几个误区：一是复式教学单式教法；二是重课内，轻课外，劳逸不能结合；三是复式教学中自动作业设计的无效性；四是不注重小助手的培养。这些表明，复式教学的方法还需要我们去研究、去改革，复式教学的规律、原则也需要我们进一步去掌握、运用和探索。因此，我们需要加强复式教学的研究。

据你观察，目前你所在教学区的教学都存在哪些问题？

写出来大家一起讨论：

作为校长或者教研员，你认为复式教学有哪几种教学方法？哪种最有利于教师教学和学生学习？

请写在下面的空白处：

你对复式教学方法的创新有哪些认识和看法？

写出来大家分享：

完成下面的活动，可以帮助你对复式教学研究方法有更进一步的了解。

活动5.3 大家的想法一样吗？

去班里听课或者和复式教师进行座谈，看看教师用什么样的教学方法进行教学，在教学中存在哪些问题，将大家的想法写在大白纸上，比较哪种方法更适合教和学，并进一步讨论怎样对教学方法进行创新？

实践应用

新一轮的课程改革逐步在全国推进，“关注每一位学生，让每一位学生都得到发展”，这种新的教育理念被广大教师所接受，也得到社会和家长的关注和认同。但是，新教育理念在复式教学的课堂上如何具体体现，尚需一段时间的研讨和实践。目前一般还是按传统的教学模式即动静结合的方式完成教学任务，有的学生“吃不饱”，有的学生“吃不了”，解决这个问题，就要求复式教师去探索一种面向全体学生的教学方法。

作为校长或教研员，你必须支持和帮助复式教师进行教学，必须正确引导教师创新教学方法，提高教学质量。集体的智慧是无穷的，你可以组织教师一起讨论，或者组织教师到其他教学点去观摩听课，通过评课碰撞出创新的火花。作为新时代的复式教师，老的教学方法不一定适合新课标，一定要激发教师创新教学方法。

如果你本身是位复式教师,那么你就要不断努力提高自己的业务水平,白天认真上课,批改作业,晚上或者其他业余时间学习课程标准,研究教法,主动探索复式教学的方法,还可以虚心向老教师请教,或借书研究,也可到县乡教研室,向专门搞山区复式教学的老师讨教。必须加大对复式教学的研究力度,从复式班教学的教学内容、课堂模式、学生需求等方面找到最佳的方法。你可以把愉快教学、情景教学、直观教学等教学方法与观察法、描写法和操作法等学习方法有机结合起来,以学法定教法,用教法导学法,使学生感受到位,理解真切,进而强化素质培养,发展学生个性,提高教学质量。

目前来说,"同动同静"新模式比较适合于复式教学,教师可以根据课程标准来进行异科搭配,找出不同学科之间的相同点,在同一时间对不同年级进行教学,根据各个年级学生的发展特点设计出不同的问题供学生思考,同动同静既减少了各个年级之间的干扰,又增加了教学时间,从而有利于提高教学质量。

理论讲堂

"教学方法"是教师和学生在教学过程中的双边活动,是教师传授知识、学生学习知识的统一体。它探讨的是如何教和如何学的问题。评价注重三个方面:一是教导的方法是否有针对性;二是学习的方法是否具有有效性;三是组织方法是否合理。教学方法的构成要素可以通过下列等式表述:教学方法=教导方法+学习方法+组织方法。

教学点是复式教学的主阵地,据统计,农村小学的复式教学班98%以上在教学点,教学的对象又都是低年级的学生,他们/她们自我控制能力差,爱说好动是他们/她们的天性。怎样同动同静进行,优化课堂结构,怎样使一堂课的各个环节相互联系,相互吻合,使不同年级的学生能有效地进行互动学习,实现师生、生生间的互动,充分发挥课堂教学的总体效益,是复式教学教师应该研究探讨并积极实施的主要课题。但是,目前农村小学复式教学研究不容乐观,多数教学点的教学研究仍是“盲点“。一是复式教学对象大多数是教学点的学生，教学点的任课教师形单影只，工作时间别说交流教学经验,就是与成年人说话也不容易,教师进行复式教学研究缺乏适宜的环境。二是复式教学点一般都在大山深处,交通不便,信息闭塞,教学方法落后,教师接收不到复式教学研究的新成果,新的教学方法很难落实。

你可以帮助复式教师强化以下几种方法：

小助手在复式教学中有着十分重要的作用。教师可根据班级实际情况多培养几名小助手,或者根据具体情况轮流做小助手,这样,小助手既能帮助教师检查学生作业情况、复习情况,又能不断提高自己。一般情况下,教师都是选择学习好的学生做助手,其实很多情况下我们可以给学习困难的学生机会,让他们/她们有表现的机会,可以提前给他们/她们讲授新知识,待他们/她们明白后,再让他们/她们做助手,这样使学生不断树立学习自信心,不断增强学习兴趣,进而在不知不觉中全身心地投入到学习中,感受学习的乐趣。

为了节省时间,教师要巧用小黑板。教师可根据实际需要把数学习题或语文思考题提前写在小黑板上,需要时只需一挂,既省时又省力,大大提高了复式教学效率。

小学具灵巧轻便,学生亲自动手摆一摆,做一做,很快就会找到答案。比如:教学一年级数学“9+2”时,只要学生用学具里的花片、小棒、桃子图片等小学具去摆一摆,马上就会知道得数,答案可能是数出来的,也可能用“凑十法”,然后让学生发现哪个方法最简便。学生会总结出“9+1=10,10+1=11”最简便。那么后边的“9+3,9+4……”学生就会一并解决。可谓小学具在手,难题化为乌有。

依据我国自然地理条件和计划生育基本国策的贯彻落实，原本就有各种形式的复式学校或复式教学班,今后,随着计划生育工作的顺利开展和社会的不断进步,山区农民家庭的独生子女也越来越多,加之父母外出务工学龄儿童大量流失,学生数量大量下降,复式教学班将会在相当长时期内继续存在下去,也是农村基础教育的主要部分。因此,创新复式教学方法,提高复式教学质量,意义非同小可,责任重大。

总结

要想做好复式教学工作,不管是校长、教研员还是复式教师,都必须解放思想,立足创新,充分挖掘复式教学的潜在优势和特殊功能,努力拓宽复式教学创新的空间,用于探索复式教学创新的思路和方法,让复式教学在农村教育这块小小的天地里同样光彩夺目,同样拥有新课程理念的神圣光辉。

单元6　开发校本课程与课程资源

开发校本课程与课程资源对于复式教学来说是非常重要的。复式学校和教师很有必要因地制宜开发利用本地的课程资源,开发校本课程,为满足学生的各种学习需要服务。此外,你要在了解校本课程内涵的基础上,进一步熟悉开发校本课程涉及的各种要素以及开发流程。同时,你还需要了解课程资源的内涵以及开发课程资源是开发校本课程的基础。

学习目标

通过本单元的学习,你应该能够:

- 说出校本课程的定义、特点及农村校本课程所具有的特性
- 介绍校本课程开发的要素、程序,并尝试按照程序结合学校实际开发一门校本课程
- 说出课程资源的涵义及其分类依据,并能从自己的角度谈谈课程资源与校本课程开发的关系

学习内容

本单元将包括以下内容:

第1节　校本课程概述

第2节　如何开发校本课程

第3节　课程资源与校本课程

学习时间

本单元学习需要四个学时

你需要的材料

这部分学习,你需要准备以下材料:

- 其他论文资料
- 校本课程案例,可从中心校借读或资源中心借阅

第1节
什么是校本课程

校本课程是一种独特且不可或缺的课程形式，是正在形成之中的同我国三级课程管理体制相适应的基础教育新课程体系中一个组成部分。作为一名复式教师,我们有必要对校本课程有一个系统的了解,这是我们参与开发校本课程的前提条件。你认为什么是校本课程呢?校本课程有哪些属性和特点呢?

请将你的观点写在下面的空白处:

复式学校大多在农村地区，而我国广大农村地区又有着丰富的民俗和自然资源,可以为农村地区校本课程开发提供各种优质的素材。你认为农村校本课程如何借助当地丰富的民俗和自然资源？它具有哪些特点？

请将你的观点写在下面的空白处:

完成下面的活动，可以帮助你对校本课程有一个深入的了解。

活动 6.1　听一听

如果你是一位基层（复式）教师，那么你在学习了第一节的内容以后，可以结合本节介绍的内容和你所接触的校本课程，并参考你在学习之前回答的两个问题的答案，对校本课程的内涵、特点进行深入的思考并与其他老师探讨。如果你是一位教研员或者校长，除了以上独立思考以外，还可以组织一次关于教学手段的讨论，邀请学校的教师参加讨论，听一听教师们对于校本课程的理解。

实践应用

1999 年 6 月颁布的《中共中央国务院关于深化教育改革全面推进素质教育的决定》指出，试行国家课程、地方课程与学校课程。2001 年 6 月教育部颁布的《基础教育课程改革纲要（试行）》提出的新课程的目标之一是“改变课程管理过于集中的状况，实行国家、地方、学校三级课程管理，增强课程对地方、学校及学生的适应性”。随着新一轮基础教育课程改革的展开和“国家、地方、学校三级课程管理”政策的贯彻，我国中小学面临着正式开发校本课程的任务。校本课程开发逐渐成为我国教育领域研究的热点问题。

在我国，校本课程开发是指在学校现场发生并展开的，以国家及地方制定的课程纲要的基本精神为指导，依据学校自身的性质、特点、条件以及可利用开发的资源，由学校成员自愿、自主、独立或与校外团体或个人合作开展的，旨在满足本校所有学生学习需求的一切形式的课程开发活动。校本课程具有关联性、校本性和可选择性三种基本属性，具有实践性、探索性、综合性、以学生为主体四个特点。我国广大农村地区有着丰富的民俗和自然资源,可以为农村地区校本课程开发提供各种优质的素材,这种独特的优势为开发与地方乡土风情、民俗特色相结合,开发与当地的生产、科技活动相结合的校本课程奠定了坚实的基础。

如果你是教研员或者校长,在组织关于校本课程内涵的讨论时,应该尽可能多地邀请本地区或本校教师参与讨论,鼓励复式教师结合本地校本课程的实际情况,畅言对校本课程内涵的理解,鼓励教师们共同探讨,结合本节内容一起揭示出校本课程的内涵。

如果你是一位基层(复式)教师,你可以独立思考,也可以主动与其他老师探讨校本课程的内涵。如果你有机会参与学校举办的关于教学手段的讨论,可以和其他老师热烈地讨论校本课程的内涵、特点等,畅言自己的观点,在讨论中加深对校本课程内涵的理解。

理论讲堂

校本课程的概念最早出现于英美等国,迄今已有20多年的历史。我国于在20世纪90年代出现的中小学对活动课程的开发浪潮从本质上来说就是校本课程开发的前奏。校本课程开发是当今社会基础教育课程改革的一种基本发展方向。

由于国家课程开发的实践中存在着一些难以解决的问题,如国家课程为了保证课程内容的基础性、统一性而牺牲了各地教学和学习环境具体性、独特性和差异性等,校本课程开发应运而生。校本课程开发要求政府应明确在国家课程计划框架内的权力分配,把一部分权力下放给学校,强调学校、地方一级的课程运作,主张学校的教师、学生、学生家长、社区代表等参与课程的决策,以学校为基地进行课程开发。

校本课程是学校在国家课程计划框架内进行的以校为本的课程整体规划设计。开设校本课程的意义是为了改变原先固有的学校课程结构,使各级各类学校在课程方面具有一定的自主权,加强学校各成员在课程改革中的责任,是学校为全面提高学生素质,发展学生的兴趣和特长,拓宽学生知识面,培养其合作精神、创新精神和实践能力,发展学生对自然和社会的责任感,根据现有的条件和资源、学生现状以及学生、学校、社会未来发展的要求所开发的各种课程。

校本课程是正在形成之中的同我国三级课程管理体制相适应的基础教育新课程体系中一个组成部分,是中小学新课程计划中不可缺少的一部分。

校本课程具有实践性、探索性、综合性、以学生为主体四个特点(廖哲勋)。

第一是实践性。校本课程在促进学生的认知、情感、行为的充分发展的过程中,把培养学生的主体意识、合作意识、创新意识和动手能力、交往能力、收集处理信息的能力、发现与解决问题的能力作为重点。所以,它强调学生应在活动中学,注重直接体验和经验积累,反对重理论轻实践、重知识轻能力的倾向,这充分体现了校本课程的实践性。

第二是探索性。成熟的校本课程都是以培养学生的创新精神和实践能力为核心理念。凡有显著育人功能的各门校本课程大多是围绕一系列重要问题或挑战性任务而编排学习内容、安排学习活动的,学生便按照一系列课题或主题参加学习活动,在活动过程中收集书面材料和实际材料,进而通过自己的思考、操作以及与同伴的讨论去解决问题或提交作品。各个课题或主题的答案多为实际答案(即拿出各种作品),也有认识性答案。有些课题或主题有多个答案,只要学生言之有理、操作有据,就可获得优良的成绩。

第三是综合性。各门校本课程的内容是围绕一个一个主题或课题而从多种学科和多种现实媒体中收集组织的。这种综合性内容不受学科知识体系的束缚,因而有助于多种知识的综合运用和多种能力的均衡发展。

第四是以学生为主体。各门校本课程的构建都把学生的发展置于中心地位。首先,以学生的特别需要为出发点,注重学生潜能的开发和学生情感的提升。其次,各门校本课程内容的组织与学习活动的安排都给学生的主动参与留下一些空间,创造一些条件,让学生在老师指导下提出问题、收集材料、操作思考、作出结论或提交作品。

我国广大农村地区有着丰富的民俗和自然资源，可以为农村地区校本课程开发提供各种优质的素材。当前,我国农村地区校本课程也充分利用这种优势,注重校本课程开发与地方乡土风情、民俗特色相结合,注重校本课程开发与当地的生产、科技活动相结合。教师们倾向于选择和利用当地一些时间性和季节性较强的"土特产"作为开发的内容,从身边丰富的自然资源和人文资源取材,开发出学生熟悉且容易接受的校本课程,为满足学生的各种学习需要服务。

第2节
如何开发校本课程

我们在前一节的学习中系统地了解了校本课程的内涵,在这一节,我们将一起探讨和学习校本课程开发涉及的各种要素和流程。你认为校本课程开发涉及哪些方面的因素呢?

请将你的看法写在下面的空白处:

写完后,和他人交换意见,在深入探讨后对你刚刚写下的内容进行补充。同时,尝试探讨校本课程开发涉及的各种要素和流程。

请将你的看法写在下面的空白处:

要素:

流程：

完成下面的活动，可以帮助你对如何开发校本课程有一个理解。

活动 6.2　做一做

结合本校的需要和上级教育部门安排的任务，作为校长或者基层教师，组织或者参与到本校的校本课程开发实践，开发出能够满足学生全面发展需要的校本课程。

实践应用

校本课程开发是一项动态的、系统的工作，不是简单地自编教材或是开展各种活动，而是“以学校为基地进行的课程规划、编制、实施和评价的一整套活动”。从宏观方面分析，校本课程开发涉及国家政策的支持以及省、市、县、乡各级教育机构和教学科研组织对各基层学校校本课程开发的领导、管理、协调、支持、评价等方面。从微观方面分析，校本课程植根于学校，其开发主要涉及学校行政的领导和管理以及教师小组的课程设计和试验两个方面。

校本课程开发需要在一个明确的、主要根据国家课程标准、结合本地本校教育资源的特点确定的课程目标统领下进行。在确定本校校本课程开发的课程目标后，教师小组以课程目标为中心编制课程内容，并对校本课程进行试验和正式实施，然后对课程进行评价，依据评价的结果对课程进行改进。正确理解校本课程开发的内涵，是顺利开展校本课程开发的前提。“教育的使命就在于唤醒、发掘和提升人的个性潜能”,促进学生在国家课程的基础上通过校本课程的学习满足其个性需要,促进学生富有个性地发展,为社会培养多样化的人才,是开发校本课程的归宿。

开发校本课程是一个复杂而且重要的系统任务。需要的资源多,成果出得慢。学校应该在政策支持下,统筹协调各种资源和关系,充分发挥基层教师的积极性,保证校本课程开发工作顺利进行。

如果你是一位教研员或者校长，可以根据上级教育部门安排的校本课程开发任务,有计划地和本校的复式教师讨论开发校本课程的具体事宜,如果你的学校已经开发了或者正在开发校本课程,你可以组织开发人员,参考本节内容作一个借鉴性的讨论，规范你们在开发校本课程种可能出现的一些不太科学的步骤。你应该鼓励复式教师在开发校本课程的实践中发挥自己的智慧,大胆创新,给予各种必要的支持并及时组织评价。

如果你是一位基层(复式)教师,那么你在学习了这一节的内容以后,可以思考在校本课程开发中涉及的要素。你还可以积极地参与到学校校本课程开发的实践中,参考本节内容介绍的程序和要素,积极开发出能满足学生全面发展需要的校本课程。

理论讲堂

从宏观方面分析，校本课程开发涉及国家政策的支持以及省、市、县、乡各级教育机构和教学科研组织对各基层学校校本课程开发的领导、管理、协调、支持、评价等方面。国家政策的支持主要表现在国家教育机构对校本课程开发的鼓励和投资。

从微观方面分析,校本课程植根于学校,其开发主要涉及学校行政的领导和管理以及教师小组的课程设计和试验两个方面。

在校本课程的开发过程中,学校行政肩负着行政和管理的重任,主要体现在以下几个方面:

建立组织机构:复式学校一般规模比较小,特别是一些教学点,可以依靠规模较大的中心学校建立校本课程开发的组织网络。成立校本课程开发指导组，主要任务是学习课程改革的重要文献和最新理论，制定本科目的开发方案，编写《课程纲要》和《教学指导书》，为学生提供必要的活页资料。

分析学校现状：学校现状分析主要包括两方面的内容。一方面，深入调查各年级学生身心发展的特别需要，即他们/她们在学习国家课程与地方课程时未能得到满足的合理需要；另一方面，调查和分析本校的资源优势，包括教师的综合素质和特殊才能、校园文化生活、图书资料、信息技术设备、活动场地、办学经费以及社区能提供的课程资源。

制定开发方案：校本课程开发方案是学校开发校本课程的规划和指南。这一课程文件主要包括下列内容。第一，校本课程开发的目的和依据。第二，校本课程的总体目标。校本课程目标是一定学段的校本课程力图促进学生的认知、情感和行为充分而各有特色的发展所能达到的基本要求。第三，对教师申报课程开发的基本要求。包括拟开发的科目，能反映一些学生的特别需要、课程设计的构想，能体现校本课程的性质和特点、教师小组具有课程开发的能力、本校和社区拥有所需要的课程资源。

开展校本师资培训：教师是校本课程开发的主体。只有开展以校为本、有的放矢、优质高效的师资培训，才可能真正发挥教师在校本课程开发中的主体作用。

加强校本课程试验的管理和组织课程评价，其目的是要找出《课程开发方案》和《课程纲要》存在的不科学、不合理、不切实际和不规范之处，及时予以修改。

教师小组的课程设计和课程试验。教师小组是校本课程开发的主体，肩负着学习课程理论、设计校本课程、进行课程试验等重大任务。能否认真学习和运用课程理论，是决定教师小组能否正确进行课程设计与课程试验的关键。理论学习应贯穿于他们/她们的课程设计和课程试验的始终，课程设计和课程试验应是他们/她们学习和运用课程理论的表现和结果。他们/她们的课程开发通常采取下列工作程序：

研究学生的特别需要：学生的特别需要是指中小学生在国家课程、地方课程中没有得到充分满足的有关他们/她们身心发展的那些合理需求。

设计课程纲要:《课程纲要》是由教师小组设计的关于一门校本课程的基本标准。它是编写教学指导书、师生进行教学和有关方面进行教学评价的依据。

编写教学指导书:《指导书》由导言部分和正文部分组成。导言部分,简要阐述校本课程的特点、校本课程开发的目的、活动方案设计的方法、指导工作的要求和方式方法。正文部分,根据《课程纲要》所列本课程的一个个主题或课题,设计一个个富有弹性的框架式学习活动方案。

进行课程试验:校本课程试验的主要任务是:在校本课程开发的正确理念指导下,围绕《课程纲要》提出的课程目标、课程内容、学习方式以及课程实施的建议,进行试验;通过试验、检验和修订课程纲要及教学指导书,探索校本课程教与学的基本原则、方式方法和组织形式,充分发挥学生的主动性、创造性和教师的指导作用。为了完成课程试验的任务,课程开发指导组要制定课程试验方案,培训试验教师,组织一系列精心设计的研究课,有步骤地进行小结和研讨,最后,按照课程试验任务的要求,提交研究报告和其他成果。

第3节
课程资源和校本课程

通过前两节内容的学习,我们了解了教学手段的内涵以及校本课程开发涉及的要素和流程。本节我们将一起探讨课程资源的内涵及其与校本课程开发的关系。请结合你的教学经验,谈一谈你对课程资源的理解。

请把你的看法写在下面的空白处:

“缺乏课程资源”是当前课程改革中普遍存在的难题。农村特别是山区，在这方面更为严重。课程资源开发是校本课程开发的基础和关键。只有开发了足够丰富的课程资源，才能够为校本课程开发提供足够的养料。你如何看待课程资源开发与校本课程开发的关系？

请把你的看法写在下面的空白处：

完成下面的活动，可以帮助你理解校本课程与课程资源之间的关系。

活动 6.3　想一想

尝试着参考其他材料，并结合本节内容，表述你对课程资源内涵及其与校本课程开发的关系的理解。说一说你所在学校有哪些素材性课程资源和条件性课程资源。结合本节内容，主动开发身边的课程资源。

实践应用

由于多方面的原因，谈及课程资源，许多教育工作者，特别是农村的教师和家长，狭隘地认为课程资源就是教材、教科书、辅导资料等文本性资源。然而课程资源的概念是很丰富的，它不仅包括上述素材性课程资源，还包括人力、物力和财力，时间、场地、媒介、设备、设施和环境，以及对于课程的认识状况等因素等条件性课程资源。狭隘的课程资源观不仅严重影响了课程资源的有效利用，而且也直接导致人们无法意识到在课本之外、校园之外还有其他可为教育、教学所用的更多的资源，更影响了教师去积极地发现和利用身边其他可为教学利用的课程资源。

教师是课程实施的主体,也是课程资源利用的主体,“教师不仅决定课程资源的鉴别、开发、积累和利用,也是素材性课程资源的重要载体”。作为教师,不能把课程资源的概念仅仅局限于书本教材,而需要紧跟时代的步伐及时更新课程资源观念,并且能合理利用和有效开发身边可利用的资源。校外有丰富的可为教育教学利用的各种自然资源,但要利用这些资源,首先要求教师具有课程资源的意识,并能慧眼识珠,挖掘资源的各种教育价值,开发丰富的校外自然资源,如山川河流、动植物等,使之能有效地服务于教育教学。也只有教师善于利用自己身边可利用的资源,才是解决资源短缺问题的关键。

你可以通过网络、图书馆等资源聚集地查阅关于课程资源的材料,结合本节内容和你的教学经验,对课程资源的内涵进行思考。理解了素材性资源和条件性资源的概念后,结合学校的实际,从身边的素材入手,树立主动开发课程资源的意识,积极地把身边的素材开发成课程资源,为教育教学和开发校本课程服务。

理论讲堂

所谓课程资源,从广义来说,指有利于实现课程目标的所有因素;从狭义来说,是指形成课程的直接因素来源。从课程资源的功能来看,它可以分为素材性资源和条件性资源。其中,素材性资源又可以分为外在物化形态的资源和内在生命化形态的资源。外在物化形态的资源包括课程标准、教材、练习册等,内在生命化形态的资源包括师生的经验、感受、理解、问题、困惑、方式、态度、价值观等。条件性资源的特点是作用于课程但却不是形成课程的直接来源。它在很大程度上决定着课程的实施范围和水平。

课程资源开发是校本课程开发的基础和关键。只有开发了足够丰富的课程资源,才能够为校本课程开发提供足够的养料。同时应当通过建立校本课程开发教育网和课程资源中心、设立校本课程开发支持小组、加强大学与中小学的合作等对策来促进课程资源的开发。

调查表明,“缺乏课程资源”是当前课程改革中普遍存在的难题。农村特别是山区，在这方面更为严重。课程资源开发是校本课程开发的基础和关键。只有开发了足够丰富的课程资源,才能够为校本课程开发提供足够的养料。对此,有研究者提出了通过建立校本课程开发教育网和课程资源中心、设立校本课程开发支持小组、加强大学与中小学的合作等对策来促进课程资源开发的建议。这对促进校本课程开发工作的顺利进行是有着积极意义的。毕竟,离开了课程资源谈校本课程的开发,只能变成无源之水、无米之炊的空谈。课程资源是决定校本课程开发可能与否的最现实条件,应该放在校本课程开发条件的第一位。在条件性课程资源不足的情况下,要把重点放在当地自然资源开发、教学材料的再开发等素材性资源的开发上,构建丰富多彩、因地制宜的“校本”课程资源网。

总结

本章学习内容从校本课程的内涵谈起，涉及校本课程的属性和特点的介绍，从宏观和微观的角度详细介绍了校本课程开发的流程以及所涉及的各种要素。另外,基于“课程资源开发是校本课程开发的基础和关键”的观点,指出校本课程开发应当与地方乡土风情、民俗特色相结合,与当地的生产、科技活动相结合,教师应当充分挖掘自己身边可利用资源的各种教育价值,开发丰富的校外自然资源,才是解决资源短缺问题的关键。

校本课程开发是一项动态的、系统的工作,需要在一个明确的、主要根据国家课程标准、结合本地本校教育资源的特点确定的课程目标统领下进行。在确定本校校本课程开发的课程目标后,教师小组以课程目标为中心编制课程内容并对校本课程进行试验和正式实施,然后对课程进行评价,依据评价的结果对课程进行改进。这是一项系统的任务,对各级教育部门、复式学校和教师都提出了较高的要求。我们必须努力观察,善于发掘各种可利用资源,结合当地实际情况认真思考和实践,才能有条件成功地完成这项利国利民的系统工程。

单元7　构建复式教学支持系统

当前,我国基础教育改革已经延伸至学校教育教学的方方面面,并不断改变着学校的办学理念、教学方式乃至教育生活。因此,校长尤其是复学学校校长需要进一步理解教学,认识和反思教学过程,学会积极、科学地支持教学工作,充分利用各方面资源进行教学支持。

学习目标

学习完本单元后,你将能够:

- 理解复式教学支持系统
- 构建本校的复式教学支持系统

学习内容

本单元将包括以下内容:

第1节　复式教学支持系统

第2节　构建本校的复式教学支持系统

学习时间

本单元学习需要三个学时

你需要的材料

这部分的学习,你需要准备以下材料:

- 笔记本
- 笔

第1节
复式教学支持系统

人们对教学支持系统的概念和内涵有着不同的理解。有人认为,复式教学支持系统是学校内部的教学支持网络。有人认为,复式教学支持系统是社区和社会力量对学校进行的教学支持构成的网络。还有人认为,复式教学支持系统包括学校内部的教学支持网络和家庭、社区和社会与学校内部联系和组合组成的网络。你是如何理解的呢?

请将你的看法写在下面的空白处:

教学支持系统是一个学校与家庭、社区、社会之间,为了促进学校教学质量、促进学生的全面发展和教师的专业发展,形成共同支持学校教学的相互联系、相互依存的开放系统。下面的活动帮助你了解教学支持系统。

活动 7.1　案例分析

观察分析下面的案例,并根据本节学习的内容,思考以下几个问题:

1.会宁县常山教学点教学支持系统分为几个层次,每个层次分别有哪些教学支持方面的内容?

2.如果会宁县常山教学点教学支持系统能够正常运转,其对本校教师的专业发展的提高有什么作用?

3.你对常山教学点教学支持系统有何建议?

案例:会宁县常山教学点的教学信息交流网络

会宁县是国家级贫困县,是我国红色革命的摇篮,地处偏远山区,区域经济发展滞后,农民年均收入水平低于全国平均水平,但是当地上至政府、下至老百姓都非常重视教育。当地政府也适时打出了教育兴县的牌子,县城和城镇中心校师资力量相对丰富，但是偏远山区的孩子每天到中心小学上学需走5公里或者更远的路,当地政府为了方便偏远山区孩子上学,在偏远山区居民相对集中的地区设立教学点。教学点离中心小学较远,各方面资源比较匮乏,尤其是缺乏晋升机会,因此,公办教师不愿意到教学点工作。为此当地政府实行了县聘教师—乡聘教师—村聘教师制度，弥补教学点教师不足的情况。会宁县教学点经常是“一校一师”,也就是一个教师就是一所学校,该教师需要教从一年级到五年级的课程,甚至包括学前班。

常山教学点是个“一校一师”的学校。学校为三级复式学校,有学前班、一年级和二年级共24名学生。学校存在着许多亟待解决的问题,如教学设备奇缺、课堂教学模式单一、教师队伍不稳定、教师信息闭塞、教师水平有待进一步提高、无复式教学的支持系统等。复式教学老师只能是盲人摸象,自己一点一滴地从实践教学中总结经验,又加上自身缺乏理论知识,总结的经验不能形成文字,更无法在师与师之间、校与校之间交流,因此阻碍了复式教学的发展。

自2007年常山教学点参与甘肃农村地区复式教学实践创新与理论研究项目以来,积极创造条件,兴办学校、家庭、社会三结合的教育,尽量使教学贴近社区实际,特别是与其他项目学校之间的交流学习,使该校在项目实施过程中充分应用“同动同静”教学模式,取得了不错的教学效果。同时项目校之间的复式教学经验又得到及时交流，改变了原来这几所学校之间的封闭状态。具体做法如下:

1.定期参加项目组织的复式教师培训,提高自身的理论水平,及时更新知识,以跟上时代的变化。

2.学校定期和其他项目学校进行沟通,及时交流复式教学怎样跟上新课改的步伐,探讨“同动同静”教学模式在课堂中的运用。

3.项目组邀请中外专家对新教改及甘肃农村地区复式教学实践创新

与理论研究项目要求的“同动同静” 教学模式进行现场指导达60多人次。

4.利用甘肃农村地区复式教学实践创新与理论研究项目实施的机会,与兰州大学师生、兰州师范学校老师、临夏教育局和会宁县乡教研员经常保持联系,并经常将课堂上实施“同动同静”教学模式情况与他们/她们交流,相互探讨。

5.项目的实施使县乡教研员来到了复式学校,因此能够及时向县乡教研室汇报学校新课改的情况,并请求教研员来学校指导工作。

6.接待本县其他的复式学校的参观考察,在扩大“同动同静”教学模式的影响外,也能够吸收其他复式学校的先进的教学经验。

7.除会宁县、乡教研机构外,还与下列机构建立了交流关系:

- 兰州大学教育学院
- 香港乐施会兰州办公室
- 临夏县教研室
- 西部阳光工程

由于教学信息畅通、教学支持系统完善及“同动同静”教学模式的运用,常山教学点的教学设备得到了补充,复式教师的教学水平得到了进一步提高,复式教学质量得到了明显的提升。

实践应用

观察分析《会宁县常山教学点的教学信息交流网络》一文,要用整体的、联系的、动态的观念分析,既要分析学校内部的教学支持网络,即学校内部的各种教学因素如何优化组合、如何正常运转,又要分析学校与家庭、社区与学校内部单位的联系,还要分析学校与社会其他的教育管理部门、学术组织、关注教育的基金会的联系。

如果你是教研员,可以组织本学区的校长研讨《会宁县常山教学点构成的教学信息交流网络》这个案例,同时应尽可能邀请本学区的校长参加,鼓励校长们结合自己学校的教学支持网络,充分分析、挖掘常山教学点的教学支持网络的优势和缺点，并认真研讨如何改进或完善常山教学点的教学支持网络。同时应引导校长们思考本校的教学支持网络建设方面取得的成绩和存在的问题。在组织研讨会时，尽可能组织一线教师出席，征求一线教师的意见，共同探讨本地区或本校教学支持系统的优势和缺点。

如果你是校长，在学习本节内容时，首先，要进行换位思考，如果我是常山教学点的校长，我该怎么办？我校的教学支持系统存在哪些缺陷，该如何完善这个教学支持网络？其次，如有可能，组织本校教师探讨本校教学支持网络包括哪些内容，在哪些缺陷，如何改进。

如果你是一位复式教师，你可以参考上面的学习内容，独立思考，也可以主动与其他教师一起探讨。如果你有机会参加本学区或本校举办的关于教学支持网络的讨论，可以和其他学校或本校教师进行探讨交流，并向相关负责人陈述自己关于改进常山教学点教学支持网络的策略或意见。

理论课堂

复式教学支持系统包括学校内部的教学支持网络和家庭、社区和社会与学校内部联系和组合组成的网络。长久以来，人们总是认为学校是独立于家庭、社区、社会的，然而随着系统论改变了人们看世界的视角，人们更愿意用联系的、整体的观点看待事物的存在。

教学支持系统由学校内部的支持系统和家庭、社区、社会与学校内部联系和组合组成的网络四个子系统组成，但教学支持系统的整体性能可以大于各个子系统的性能之和，因此，在处理教学支持系统问题时需要注意研究其结构与功能的关系，重视优化其子系统的组合，提高教学支持系统的整体功能。比如，学校内的教学支持系统重要的功用是提高学校的教学质量，培养全面发展的学生，促进教师的专业发展等。但如果离开了教学支持系统的整体，它就失去了来自学校以外的教学支持，其所能起到的功用就会大打折扣。

教学支持系统的子系统及子系统的组成要素是发展的、变化着的，是一个动态的、平衡的过程。这种动态的、发展的过程,使各个子系统发挥着“自我动态的平衡”功能,达到教学支持系统最优化的目的。

教学支持系统和四子系统之间，系统内部的各个子系统和系统与环境之间存在着相互作用、相互依存的关系,它是一个开放的系统。离开了关联性,我们就不能真正了解教学支持系统的本质内容,我们就不能建构最优化的教学支持系统。

因此,教学支持系统是一个学校与家庭、社区、社会之间,为了促进学校教学质量、促进学生的全面发展和教师的专业发展,形成共同支持学校教学的相互联系、相互依存的开放系统。

第2节
构建本校的复式教学支持系统

复式学校有它不同于普通学校的存在的客观环境，所以复式学校的教学支持也有别于普通学校的教学支持。很多西部的复式学校是一所学校一个或两个老师,也就是说,这个校长也是这所学校唯一的老师,因此,校长在教学支持方面存在很大的困难。如果你是这样一位校长,你认为学校在教学支持方面面临的最大困难是什么?

请将你的看法写在下面的空白处:

基于此，复式学校校长怎样在很多不利因素面前进行有效的复式教学支持？假如你是一位复式学校的校长，面对如此多的困难，你该如何寻求教学支持？

请将你的看法写在下面的空白处：

认真完成下面的活动，可以给你提供寻求复式教学支持的思路。

活动 7.2 选择

根据下面提供的选项，仔细思考并根据自己学校的实际情况进行选择。同时，结合本校所在的地理位置、所在的社区、社会的资源条件及学校情况，结合你对教学支持的认识，建构出符合自己学校的教学支持系统。

选择：

根据你的观点进行选择，没有好坏之分，请在下面选项前的空格里打“√”或“×”。

□ 复式学校没有发展的前景，没有办法寻求教学支持。

□ 校长要改变思路，树立信心，发挥本校复式教师的才智。

□ 学生渴求知识的心情是寻求教学支持的最大动力。

□ 建立共同的愿景，培养学校师生、社区群众形成促进学校发展的共同目标。

□ 学生家长、社区对学校的教育教学发展建言献策。

□ 向上级教育主管部门申请增加学校的教育经费，改善复式学校的办学条件。

□ 与其他复式学校进行经验交流和资源共享。

□ 定期派送老师到中心学校进行学习，学习费用可以向上级教育主管部门申请。

□ 拓宽教学支持的渠道，可以向本地的企事业单位、宗教人士或团体、个人寻求教学支持。

□ 可以与关注复式教学的基金会、省内外高校、科研机构需求资金和培训方面的教学支持。

□ 引进“同动同静”的复式教学新模式。

□ 积极寻求东部沿海城市或兄弟学校的支持，形成一帮一的对口支援关系。

□ 积极呼吁社会关注复式学校和复式教师的现实问题，寻求更大范围的教学支持。

实践应用

复式学校校长怎样在很多不利因素面前进行有效的复式教学支持？假如你是一位复式学校的校长，面对如此多的困难，你该如何寻求教学支持？ 在活动 7.2 的选择项中，除第一项外，都可以给我们提供寻求复式教学支持的思路。如果你是一位复式学校校长，根据上面提供的教学支持的思路，并结合本校所在的地理位置、所在的社区、社会的资源条件及学校实际情况，经过本小节的学习，你对教学支持的认识、掌握，设计出自己学校的教学支持系统，一定要具体问题分析，充分发掘可以利用的一切教育教学资源，推动复式学校的可持续发展。

会宁县常山教学点的教学支持系统图见图 7-1，供你建构符合自己学校的复式教学支持系统参考。在获得上级教育部门、基金会的资金支持和技术援助情况下，有助于快速改善复式学校的硬件和软件。当然，一切不能“等、靠”，还需要自己努力，积极寻求发展机会，积极与上级部门联系，反映学校的情况，以获得长久的支持和帮助。

如果你是教研员，可以组织本学区校长评价本校的教学支持系统，同时应尽可能邀请本学区的校长参加，鼓励校长们结合自己学校的教学支持系统实际，如实评价，并根据评价的结果，共同探讨存在的不足和如何改进等。

如果你是校长，在学习本节内容时，首先要考虑，我校的教学支持系统是否已构建，并根据自评结果，找出本校教学支持系统中存在的不足之处，寻求解决的办法。也可以组织本校教师评价本校教学支持网络，征求一线教师的意见和建议。

如果你是一位复式教师，你可参考上面的学习内容，独立思考，也可以主动与其他教师一起探讨。如果你有机会参加本学区或本校举办的教学支持系统的评价，可以和其他学校或本校教师进行探讨交流，并向相关负责人如实地陈述自己关于学校教学支持系统的意见或建议。

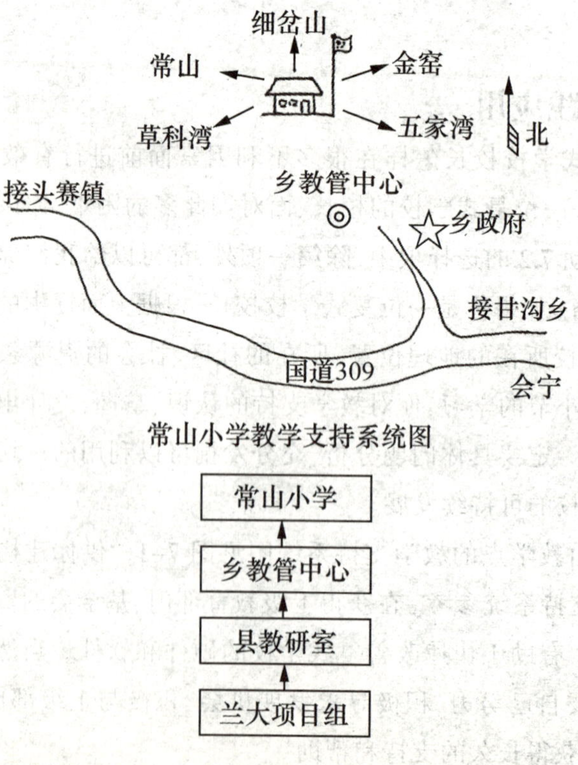

图 7-1 常山教学点教学支持系统图

理论讲堂

农村复式学校的教师有一些为代课教师，代课教师不仅工资低,而且社会地位不高。代课教师要面临很多的经济问题和社会问题,这给教学支持带来了很多障碍。其次,复式教学对教师各个方面能力的要求非常高,这就需要复式教师不断充电,以应对不断发展的新的课程改革,然而复式教师鲜有外出培训的机会。再者,复式学校由于教师的缺乏,有很多复式学校没有开足全部课程,仍然以语文、数学的搭配为主,科学、社会等综合课程没有得到足够的重视。另外,课堂教学活动形式单纯以“动”、“静”搭配为主,教师是课堂的主宰,“动”只是教师的教,“静”只是教师布置的课堂作业或者预习、复习课文。最后,由于复式学校学生比较少,教育主管部门每学期下拨的教育经费难以满足复式学校正常运行的开销。这些现实问题也给复式学校校长的教学支持带来了很大的困难。

建构和完善科研机构、大学、县、乡(镇)、学校三级教学支持系统,是复式学校生存和发展的关键。作为教研员、校长,一定要努力构建复式学校教学支持系统。具体的做法建议:一是要重视发展县级专兼职复式教学教研队伍,关注和研究复式教学的特点和方法,为一线教师提供新的发展理念;二是要建立乡镇学区教研联组,构筑乡镇间横向教研力量,实现合作、交流与共享教研成果。三是要培养学科带头人,激励一线教师从实际出发,探讨有效的复式课堂教学,总结经验,然后起到以点带面的作用,以期全面提升复式教师教学能力,增强终端教研服务力。

总之,三级教学支持系统构筑了一个全方位、立体式教研体系,有效地增强了教研力量,促进了校本教研工作务实而有效地开展。

总结

本单元的内容即将结束,我们相信,通过上述活动,你已经对教学支持系统,构建、评价自己学校的教学支持系统有所了解和掌握。下面请你就表格中的项目进行选择，选择“是”打“√”，选择“否”打“×”，以此评估你校的教学支持系统情况。总之，教学支持系统是一个整体的、联系的、动态的系统，因此，教学支持系统的构建和完善需要用系统论的思想，同时也需要一个较长的过程，需要我们共同努力。

	标准	评价
1	学校是否建立了学科教研组	是（ ） 否（ ）
2	学校是否为老师提供培训（外出或校本）或进修机会	是（ ） 否（ ）
3	学校是否引进或创新复式教学新模式	是（ ） 否（ ）
4	校长是否经常性地支持教师教学	是（ ） 否（ ）
5	校长是否组织进行教学活动评估	是（ ） 否（ ）
6	学校的教师之间是否经常交流教学经验	是（ ） 否（ ）
7	学校与家长交流是否顺畅	是（ ） 否（ ）
8	学校是否与附近学校建立了交流关系	是（ ） 否（ ）
9	学校是否与其他学术单位、关注教育的基金会建立了联系	是（ ） 否（ ）
10	学校与上级教育主管部门是否经常联系	是（ ） 否（ ）

共12分，第3、9项每项为2分，其余每项均为1分，每项判断“是”为1分，“否”为0分，6分为合格，7~9分为良好，10分以上为优秀。

评价：

单元8 开发复式教学支持评价工具

课堂教学是学校教育最基本的活动形式,整个教育思想的变革与发展,国家和社会对教育的一切要求,最后都要落实到课堂教学这一基础活动之中。所以,对课堂教学进行评价不仅是把握学校整个教学过程及其效果的关键、实现学校教育教学目标的重要环节,而且也是判断教师教学质量、促进教师专业水平提高和推动新课程课堂教学改革的重要保证。

学习目标

学习完本单元后,你将能够:

- 掌握复式课堂教学评价工具
- 评议复式课堂教学的得失及提出建议

学习内容

本单元将包括以下内容:

第1节　复式课堂教学评价工具

第2节　观察复式课堂教学

学习时间

本单元的学习需要四个学时

你需要的材料

这部分的学习,你需要准备以下材料:

- 用过的或正使用的课堂教学评价表

第1节
复式课堂教学评价工具

教学评价是随着教学改革而兴起的一项研究活动，是评价教学质量和教学效果的一种科学手段。教学评价能使师生看到教与学的成绩和不足,及时获得改进信息。因此,教学评价是教学活动的一个重要环节。

学校的教学体现在课堂活动中。对课堂教学进行评价,是一种课堂教学的研究和管理手段,同时也是一种研究和管理行为。如何评价课堂教学的好坏一直是校长、教研员和教师关心的话题之一。特别是对于复式课堂,我们作为教学管理者又依据什么工具去评价呢？请列举自己用过的评价复式课堂教学的工具或方式及其优缺点。

请将你的看法写在下面的空白处：

课堂教学评价作为一种手段,是鉴定教学、指导教学和提高教学质量、促进课堂教学改革的一种重要手段。因此,我们在复式教学模式的改革中,对复式课堂教学评价指标的建立进行了积极的实验探索，并设计了复式教学课堂观察表,以期在实施复式课堂教学支持活动中起到应有的作用。

> 实证性研究是通过对研究对象大量的观察、实验和调查,获取客观材料,从个别到一般,归纳出事物的本质属性和发展规律的一种研究方法。具体研究方法包括观察法、谈话法、测验法、个案法、实验法。

复式课堂教学“同动同静”新模式全面有效实施,有利于对复式课堂教学评价的改革。在长达两年的行动研究中,我们选择三所实验学校、三所对照学校进行实验研究,通过对这些复式学校的课堂教学进行观察和分析，与任课教师、学生、校长、教研员进行访谈了解，分析平时学科成绩测验和全县统考成绩等大量文献资料，在这些实证研究的基础上，研制开发出新的复式课堂教学评价工具。在评价工具的设计上，要把握一个原则性的问题，即合理、有效地处理程序与创新的关系，即必须明确形式与内容的统一、形式与目标的统一，防止因情绪化而出现偏颇。

认真完成下面的活动，它可以帮助你对新开发的复式课堂教学评价工具有进一步的了解。

活动 8.1 我看看

仔细阅读表 8-1 的复式教学课堂观察表，看看与我们以往使用的评价工具有什么不同，各自的优缺点有哪些？请将思考结果填写在表 8-2 的表格中。

表 8-1 复式教学课堂观察表

<table>
<tr><td>班级：</td><td>教师姓名：</td><td>评估者姓名：</td></tr>
<tr><td>教学科目：</td><td colspan="2" rowspan="2">学生人数：
学前班男（ ） 女（ ） 小计（ ）
一年级男（ ） 女（ ） 小计（ ）
二年级男（ ） 女（ ） 小计（ ）
三年级男（ ） 女（ ） 小计（ ）
特殊教育需求的学生：有（ ） 没有（ ）</td></tr>
<tr><td>课堂观察时间：</td></tr>
<tr><td colspan="3">基本情况：
（简单描述这节课的学习目标、内容和教学设计、课型、教室环境布置）</td></tr>
<tr><td colspan="3">优势：</td></tr>
<tr><td colspan="3">不足：</td></tr>
<tr><td colspan="3">改进建议：</td></tr>
</table>

续表 8-1

<table>
<tr><td colspan="4">判断及证据：
在你认为做得好的指标后标上“+”号，在做得不好的指标后标上“-”号，并在右侧栏里写上你观察到的相关证据。</td></tr>
<tr><td colspan="3">观察指标</td><td>相关证据</td></tr>
<tr><td rowspan="2">同动</td><td>教师的教</td><td>1.熟悉教学内容，语言清晰。
2.各年级教学重点突出和难点突破。
3.教学方法多样，照顾到不同年级、不同性别的学生。
4.教师准备并有效使用教学用具。</td><td></td></tr>
<tr><td>学生的学</td><td>1.掌握一定的知识或技能。
2.男女生敢于积极展示自我。
3.各年级之间能够互助互学。
4.在课堂上举止得当，行为端正。</td><td></td></tr>
<tr><td rowspan="2">同静</td><td>教师的教</td><td>1.对学习结果有具体的要求。
2.学习时间与任务安排合理，照顾到不同性别的学生。
3.能够及时进入学习小组进行指导。
4.用有效的方法进行课堂管理。
5.学生座位安排适合教学需要。</td><td></td></tr>
<tr><td>学生的学</td><td>1.学习兴趣浓厚，男女生参与积极性高。
2.能独立完成学习任务，能与同学合作解决问题。
3.能充分尊重他/她人的意见。
4.采用多种学习方法。</td><td></td></tr>
</table>

表 8-2　复式课堂教学观察表比较

	以前或现在正在使用的	新开发的(附件)
观察表		
优点		
缺点		
建议		

实践应用

以前或目前正在使用的评价工具,大多是针对单式班的评价开发的,在使用过程中难以操作,对复式教师教学工作积极性造成一定的影响。特别是在传统的“动静搭配”模式下,教师的教学线路比较复杂,不同年级的学习活动交叉变化,给课堂的观察者也带来了一定的困难。

在“同动同静”新模式下开发的复式课堂教学评价工具,主要包括以下两个方面的内容。

教师的课堂教学行为:主要观察教学目标是否明确,教学内容是否熟悉,教学方法是否照顾到不同年级的学生,教师是否准备并有效使用教学用具,是否能够及时进入学习小组进行指导,对学习结果是否有具体的要求,是否用有效的方法进行课堂管理,学生座位安排是否适合教学需要等。特别要注意的是,教师是否关心到了不同性别的学生,是否给他们/她们同等参与学习的机会。这点非常重要!

学生的课堂学习行为:主要观察是否掌握一定的知识或技能,是否敢于积极展示自我,各年级之间是否能够相互倾听,在课堂上举止是否得当,学习兴趣是否浓厚,是否能独立学习又能与同学合作解决问题等。观察者要特别注意的是,男女生是否都积极参与课堂学习,对学习充满兴趣。

观察表正面相应的栏目中为被观察对象的基本信息、优缺点及建议;观察表反面则是对师生教与学行为的记录。我们设计"同动"、"同静"两个环节,将课堂教学过程中的师生行为及行为之间的潜在关系作为评价指标,着重测定一节课后学生知识、技能的掌握及提高程度,教学任务的完成程度和教育目标的达成程度。我们对教学质量的评价不再局限于以往的"好"、"一般"、"不好"等定性的判断,也不从量上进行判断,使得教师教学具有可比性,更不是为了寻找教师教学的缺点,而是直接以"同动同静"新模式改革为指向,使得教师能根据教与学两方面的评议,找到自己在新模式实施中出现各种问题的原因,成为教师改进教学的压力和动力。

一个好的评估量表必须能正确反映教师上课的真实情况, 并且简单易行。目前流行的评估表一般由一级指标和二级指标组成,大多数有 20 多个项目,项目较细使得判断较易,单项好打分。但项目过细易导致上课模式化,缺乏活力;导致讲课教师和观课人员难以抓主要矛盾,缺乏整体观;导致观课人员难以对每个项目都作出正确反应,评观课缺乏准确性。还有,单项较准整体却不一定准 ,整体并不一定等于部分之和。由于有以上这些缺陷,有的教研员发现评估表越细反而越不准。

"同动同静"新模式下的复式课堂教学,就是要体现新模式所带来的教师和学生课堂行为的变化,所以,观察表的设计不但要充分考虑课前教师的准备过程和意图以及课后的教学效果,而且要通过课中来评价教师"教"的行为和学生"学"的行为,并以此为课堂观察的切入点,力求从"学"的行为看到教学效果。因为,课堂中教师的一切行为都是为了孩子们更好地、更有效地"学"。所以,评价是否有效是指该评价是否准确地测到所要测的东西。复式教学课堂观察表初步实践后,大家认为该指标能反映在"同动同静"新模式下教师上课的情况,所发现的问题都能在评估表上找到相应的项目,是一个比较有效的复式课堂教学新模式下的观察表。

理论讲堂

课堂教学评价是指在课堂教学过程中有计划、有目的地观察,测定教师教学和学生学习的种种变化,根据这些变化对照学习目标、教学效果、学生的学习质量及个性发展水平,运用科学的方法作出价值判断,进而调整、优化教学过程的教学实践活动。

课堂教学评价是教学活动不可缺少的一个基本环节,它在教学过程中发挥着多方面作用。具体看来,课堂教学评价的作用主要表现在以下几方面。

检验教学效果:教师的教学水平如何?学生是否掌握了预定的知识、技能?教学目标、教学任务是否得以实现?这些都必须通过课堂教学评价加以验证。而检验和判定教学效果是了解教学状况、提高教学质量的必由之路。

诊断教学问题:教师可以了解自己的教学目标确定得是否合理,教学方法、手段运用是否得当,教学的重点、难点是否讲清,也可以了解学生学习的状况和存在的问题,发现造成学生学习困难的原因,从而调整教学策略,改进教学措施,有针对性地解决教学中存在的各种问题。

提供反馈信息:为教师判定教学状况提供了大量反馈信息,而且也为学生了解自己的学习情况提供了直接的反馈信息,使学生可以清楚地了解自己学习的好坏优劣,找到错误及其“症结”之所在,以便在教师帮助下“对症下药”,及时矫正。

引导教学方向:学生学习的方向、学习的重点及学习时间的分配;教师的教学目标、教学重点的确定等也要受到评价的制约。课堂教学评价标准指标要全面反映“同动同静”新模式的要求,体现学生全面发展的方向。

调控教学进程:对教学方向、目标的调整,教学速度、节奏的改变,教学方法、策略的更换,以及教学内容、教学环境的调整等起着一个控制作用,使之向着预定的教学目标前进。

教学是一种双边的师生活动，教师就要关注如何把学习内容放在愉快的气氛下、平等学习机会的前提下进行，使所有的孩子有同等的学习机会，使他们/她们享有同等的学习资源。教师会有意或无意地把提问的机会或多给女生，或多给男生；会把难度大的问题留给男生，而把简单的问题留给女生；对男生的回答更倾向于给予积极的肯定或否定反馈，而对女生的问题则没有明确的评价，等等。教师的提问、评价方式不仅影响着男女生对自己性别的认识，同时其中包含的暗示成分相当程度上影响着学生的认识和归因。

总之，课堂教学评价从整体上调节、控制着教学活动的进行，保证着教学活动向预定目标前进并最终达到该目标，保证课堂教学的公平。

第2节
观察复式课堂教学

由于复式课堂教学本身是一个比较复杂的过程，因此，要评价好一堂课，就需要研究制定出一套既客观又准确，既简便又具有可操作性，符合复式课堂教学新模式特点的评价指标。有了好的观察表，就可以利用“课堂观察”（简称“观课”）对复式课堂教学进行评议。“观课议课”和我们经常使用的“听课评课”有区别吗？

请将你的看法写在下面的空白处：

以前你是如何进行“观课议课”的？

请将你的做法写在下面的空白处：

创新具有多元性，设计出一个细致的评价方案还是有一定难度的。表 8-1 呈现的复式课堂教学观察表，旨在划分出大体的课堂教学评议框架。活动 8.2 是让你尝试使用复式课堂教学观察表，以便熟练掌握，准确应用。

活动 8.2 我试试

仔细阅读并熟悉表 8-1 的复式教学课堂观察表，找一个用“同动同静”新模式上课的老师，去听听他/她的课，尝试使用这个观察表，看看效果如何。

实践应用

课堂教学评价从本质上讲是一种对教学活动及其效果的价值判断。要很好地完成这一判断，得出科学结论，校长、教研员必须在一定的客观标准下，依据“同动同静”新模式教学的特点，系统地收集教学活动各方面的资料或证据，以确保评价的客观、公正。

在观课之前，校长、教研员一定要非常熟悉观察表的各项指标，与讲课教师取得联系并获得他/她的同意。事先了解这节课预设的不同年级的学习目标、教学内容和教学设计以及课型，可能的条件下索要一份讲课教案。对于教室环境布置也要非常熟悉，特别是不同年级学生的座位情况，如是相同年级的坐在一起，还是不同年级的坐在一起（也可简单地绘制座位分布图，相关内容见《复式教学自学手册》单元 4)等信息,并在观察表正面相应的栏目中做好记录,便于在教学活动开展过程中了解授课教师分组活动的意义。

在观课过程中,对复式课堂教学实际状况的描述记录越翔实、越准确,对教师的帮助就越大。观察表反面是对师生教与学行为的记录,你将观察到的相关证据即有代表性的师生行为给予描述性记录,作为判断的依据,并在你认为做得好的指标后标上“+”号,在做得不好的指标后标上“–”号。有时候也可以在同一指标后标记“+”和“–”号,表示师生行为有做得好的和做得不好的地方。在对可观察的外部行为描述的基础上,对这节课的优缺点给予判断后提出建议。

我们建议在不影响师生的前提下,观课人员可以伺机走入小组活动中,观察并聆听他们/她们的讨论。课后,随机翻阅学生的课本和作业,了解教师批改作业是否细致、认真,评语是否恰如其分地指出学生的优缺点,能否对症下药,帮助学生纠正错误。

在使用观察表时,建议将课堂教学的描述信息用来进行比较,如初次使用新模式教师、熟练教师、专家教师的课堂教学(教研员的示范课)。通过比较,会发现这些描述信息所包含的意义,可以帮助教师对“同动同静”新模式有更清晰的认识,同时也能更快、更好地改进复式课堂教学。

在对观察表的试用过程中,大家感觉到比较困难的是对观课指标相关证据的收集。课堂观察是一个及时性的活动,往往在作描述性记录时可能就会丢失有用的信息。初次观课时,可以 2~3 人一起活动,观课后逐项讨论对比,以核查判断的标准;或依据人数分解观课任务,熟悉观课指标,掌握描述性证据的收集。关键是一切都以课堂上收集到的证据说话,这样的判断才是有依据可查。

校长、教研员在观课活动中,针对课型特点,可以进一步细化指标(但指标不宜太多,只要突出重点即可),以方便操作和执行。这样复式课堂教学评价研究才能有实质性进展,才能解决复式课堂教学中的实际问题。

理论讲堂

在教学研究活动中，课堂教学观察是一种重要的课堂教学研究方法，也是一种常用的质性评价方法。这种方法使用一整套课堂观察技术，帮助教师科学、准确地了解学生的课堂学习状况，并真实、客观地认识课堂教学中所发生的事情，与我们所指的听课有所差别。从“听课评课”到“观课议课”，不只是换了一个词语，更多的是一种教研文化的建构。

观课与听课比较：

“听”指向声音，“听”的对象是师生在教学活动中的有声语言往来；而“观”强调用多种感官（如眼、耳等）以及有关辅助工具（观察表、录音录像设备等）收集课堂信息。包括师生的语言和行为、课堂的情境与故事、师生的状态与精神等。“听”往往是一般性了解，而非用于研究的目的；而“观”的目的却指向一定的研究问题，有明确的目的。

“听”往往是面面俱到，缺乏针对性，而“观”是针对研究问题收集相关的课堂信息，针对性强。

“听”往往是凭借经验进行，而“观”需要理论的指导，需要借助观察记录表等。

评课与议课比较：

“评”是对课的好坏下结论、作判断；“议”是围绕观课所收集的课堂信息提出问题、发表意见，“议”的过程是展开对话、促进反思的过程。

“评”有被评的对象，下结论的对象，有“主”“客”之分；“议”是参与者围绕共同的话题平等交流，“议”要超越“谁说了算”的争论，改变教师在评课活动中的“被评”地位和失语现状。

评课活动主要将“表现、展示”作为做课取向，做课教师重在展示教学长处；议课活动以“改进、发展”为主要做课取向，不但不怕出现问题，而且鼓励教师主动暴露问题以获得帮助，求得发展。

评课需要在综合、全面分析课堂信息的基础上，指出教学的主要优点和不足;议课强调集中话题,超越现象,深入对话,议出更多的教学可能性供教师自主选择。

所以,观课议课是参与者相互提供教学信息,共同收集和感受课堂信息,在充分拥有信息的基础上,围绕共同关心的问题进行对话和反思,以改进课堂教学、促进教师专业成长的一种研修活动。

一个好课堂观察应该包括以下几个阶段:

课前准备阶段:观课者所做的准备主要是在课前与老师做好沟通,了解课堂的设计、教学的重难点、教学目标等,以及了解执教班级的一些情况,如学生的程度等。

课堂观察阶段:首先,要选择好观察的位置。观察的位置最好是在教室的前面。这样不仅能较好地观察老师,而且能很好地观察学生。对于一位有经验的观察者来说,学生的表情能很好地提供信息。其次,做好观察记录。记录好教师是怎样教的,学生是怎么学的,效果如何。记录好教师教学中的一些优点与需要进一步探讨或需要注意的地方,为评价做好准备,有的放矢地为教师的职业提高服务。再次,观察时要适时走动。走动是有效教学的一部分,也是进行课堂观察必不可少的一部分。走动必须在不影响正常教学的情况下进行,是为了了解学生的练习、作业情况等信息情况,为评估教学的有效性服务。

课后评议阶段:首先,让执教的教师谈谈这节课的执教意图,比较顺利、成功的地方以及遇到的问题。其次,观察者针对这堂课的教学进行评议。观察课堂教学的目的是为提高教师职业技能服务的,因此应以鼓励为主,采用"三明治评课法"。再次,进行二次评议。在完成一次评课之后,需要对教学进行第二次评议。在上完课后马上进行评议,往往会比较简洁、浅显,对一些问题的讨论不够深入,针对教师存在的一些问题不能提供很好的、详细的解决办法。二次评议就是对这节课教学作更为深刻的分析,针对教师需要提高的地方给出更好的解决方法。

总之,进行课堂观察要立足于提高教师的专业技能,为学校的长期发展服务,只有用这样的思想指导复式课堂教学观察,才能真正发挥课堂观察的作用。

总结

项目的新模式改革实验进行了两年之久，通过两年的实验，我们感到，新模式确实给复式教学课堂带来了新的活力，给课程带来了新的生机，给师生带来了新的体验。为保证新模式的顺利进行，项目以新模式中复式课堂教学观察工具的设计为重点，期盼给复式课堂教学改革带来新的动力，促进新模式大面积推广工作的顺利进行。

课堂教学评价作为一种手段，是鉴定教学、指导教学和提高教学质量、促进课堂教学改革的一种重要手段。因此，我们对新模式中课堂教学评价指标的建立进行了积极探讨，并设计了教师课堂观察表，以期在实施"同动同静"新模式复式课堂教学评价中起到应有的作用。

评价主体的多元化是新课程评价的新理念之一，不同的评价主体对于课堂教学评价的角度是不一样的。实施教学和提高教学质量是一项系统工程，其中教师起到了很重要的作用。但是，如果没有其他方面的激励支持，提高教学质量也只能是一句空话。因此，课堂教学评估的主体不应局限于校长、教研员，而应充分考虑学生和教师。我们在实验过程中，考虑到教师的因素，以教师的课堂反思日志为主，目的是让教师对自己的教学进行评价，反思自己在教学过程中的优点和存在的问题以及解决的措施。学生大都是学前班、一年级、二年级的孩子，尚没有能力对教师的教学进行客观、真实的评议，因此，暂不考虑此因素。

综上所述，复式课堂教学评价一定要本着为师生发展服务的原则，既要关注教师在新模式运用中课堂教学目标的确立和对教学过程的优化情况，更要关心学生学习的质量和效果，这样才可能对复式课堂教学作出较为准确的评议，同时，才有可能通过我们的复式教学支持系统不断提高教学水平，使教学改革沿着正确的方向发展。

下面给大家提供一份附有分值的"同动同静"新模式的课堂观察表，以方便大家在进行新模式赛课评比活动中使用。

表 8-3 复式教学课堂观察表

<table>
<tr><td>班级：</td><td>教师姓名：</td><td>评估者姓名：</td></tr>
<tr><td>教学科目：

课堂观察时间：</td><td colspan="2">学生人数：
学前班男(　　) 女(　　) 小计(　　)
一年级男(　　) 女(　　) 小计(　　)
二年级男(　　) 女(　　) 小计(　　)
三年级男(　　) 女(　　) 小计(　　)
四年级男(　　) 女(　　) 小计(　　)
五年级男(　　) 女(　　) 小计(　　)
六年级男(　　) 女(　　) 小计(　　)
特殊教育需求的学生：有(　　) 没有(　　)</td></tr>
<tr><td colspan="3">基本情况：
(描述这节课的教学目标、内容和教学设计，课型，教室环境布置)</td></tr>
<tr><td colspan="3">优势：</td></tr>
<tr><td colspan="3">不足：</td></tr>
<tr><td colspan="3">改进建议：</td></tr>
</table>

判断及证据：

在你认为做的好的指标后标上“+”号，在做的不好的指标后标上“-”号，并在右侧栏里写上你观察到的相关证据。

观察指标			所占分值	相关证据	实际得分
同动	教师的教	1.熟悉教学内容，语言清晰。	2		
		2.各年级教学重点突出和难点突破。	10		
		3.教学方法多样，照顾到不同年级、不同性别的学生。	5		
		4.教师准备并有效使用教学用具。	5		
	学生的学	1.掌握了一定的知识或技能。	10		
		2.男女生敢于积极展示自我。	5		
		3.各年级之间能够互助互学。	10		
		4.在课堂上举止得当，行为端正。	3		
同静	教师的教	1.对学习结果有具体要求。	5		
		2.学习时间与任务安排合理，照顾到不同性别的学生。	10		
		3.能够及时进入学习小组指导帮助。	5		
		4.用有效的方法进行课堂管理。	5		
		5.学生座位安排适合教学需要。	2		
	学生的学	1.学习兴趣浓厚，男女生参与积极性高。	10		
		2.能独立完成学习任务，能与同学合作解决问题。	5		
		3.能充分尊重他/她人的意见。	3		
		4.采用多种学习方法。	5		
			100分		
合计： 分					

单元9　实施复式教学支持活动

目前复式教学的突出问题是仍然在以教师为中心、以课本为中心、以传授知识为中心的教学观指导下进行教学，方法陈旧，仍然采用“动静搭配”的教学模式，声浪干扰严重，甚至一节课有一个年级一“动”到底或者一“静”到底的现象，致使教学效率低下，多数教学班教育教学质量比单式班差。校长或者教研员必须了解到这些情况，进一步理解教学，认识和反思教学过程，学会积极、科学地支持教学工作。充分利用各方面资源进行教学支持，对一所复式学校校长来说，具有十分重要的意义。

学习目标

学习完本单元后，你将能够：

- 说出当前你所在学区教学过程中存在哪些亟待解决的问题
- 找出解决上述问题的方法和途径
- 掌握如何进行复式教学支持活动

学习内容

本单元将包括以下内容：

第1节　实施复式教学支持活动的前提

第2节　有效地实施复式教学支持活动

学习时间

本单元的学习需要两个学时

你需要的材料

这部分的学习，你需要准备以下材料：

- 纸张（能写字画图即可）
- 黑板或硬纸板（可用废弃的烟盒、药盒等替代）

第1节 实施复式教学支持活动的前提

复式教学是一种涉及面广、教学过程复杂的特殊教学形式,复式教学班大部分分布在偏僻的山村,有些复式学校只有两三名教师,甚至只有一名教师,但却肩负着培养全村乃至几个村下一代的重任。教师面临着很大的来自各方面的压力,直接或间接地影响着复式教学的质量。作为校长或者教研员,要对复式教学进行方方面面的支持。进行教学支持活动,首先需要你了解的就是实施复式教学支持活动的切入点,有哪些问题需要你去帮助教师解决。作为校长或者教研员,作对教学支持活动的认识有多少?

请将你的想法写在下面的空白处:

你在工作中进行过哪些教学支持活动?你进行教学支持活动是怎么找到切入点的?

请将你的做法写在下面的空白处:

完成下面的活动，可以帮助你对教学支持有个了解。

活动 9.1 分析案例

你作为教研员或者校长，应具备一定的发现问题的能力，请你分析下面的课堂实录，说出存在哪些问题，教研员或者校长应该从哪些方面入手给这位老师以支持或帮助？

案例：课堂实录

引入：

教师问：过年和元宵节做什么呢？

学生答：看花灯、放鞭炮、吃汤圆、写对联

同动环节：

1.看字、组词并说一句话

教师向学生出示生字卡，要求学生读出拼音，组词并说一句话。

实践：qing 庆(祝)→我庆祝爸爸妈妈快乐。(这句话有点问题，课堂实录如此)

chi 吃(汤圆)→我家一起吃汤圆。

(花)deng 灯→过年了，我和爸爸妈妈一起看花灯。

huan 欢(庆) →过年了，我们欢庆春节。

jin 金(鱼) →放暑假了，爸爸带着我去兰州看金鱼。

……

2.齐读课文

3.让话更丰富

小鱼在吐气→小鱼在河里吐气。

吃汤圆→我吃汤圆。

穿新鞋→我在穿新鞋。

我放鞭炮→我在家里的院子里放鞭炮→早晨，我和姐姐在家里的院子里一起放鞭炮。

总结→话要说完整

4.复习生字，重新组词

花→花园

年→年级

金→金色

欢→喜欢

5. 一起复习(将话记录在挂图上)

小鱼在河里吐气。

我在穿新鞋。

我在家里的院子里放鞭炮。

我和爸爸妈妈一起去看花灯。

放暑假了，爸爸带着我去兰州看金鱼。

早晨，我和姐姐在家里的院子里一起放鞭炮。

6.想一想，过年做了什么事

一年级回去说一说

二年级写一些

检查二年级的写话情况

课程结束。

实践应用

这是一节两级复式教学课，教师尝试使用“同动同静”新模式上课，两个年级上的都是语文说话课。看完这个课堂实录，作为教研员或者校长，你可能会发现以下问题：教师的指导作用发挥不足，对学生组词说话中出现的错误不能给予及时纠正(如“我庆祝爸爸妈妈快乐。”)；有些地方内容过多重复，课堂时间没有有效利用(如在“看字、组词并说一句话”、“让话更丰富”、“一起复习”三个环节上重复)；两个年级学习目标及学习任务不明确

(从实录中看不到各年级的学习任务);一、二年级没有互动,没有发挥以大带小、以小促大的作用。甚至你还会发现从课程的开始到结束一直都是"同动"环节,教师没有设置"同静"的部分,整节课都是教师在教,学生在学,学生的主体性不强,都是被动地跟着老师的教学进度。

当然,对于一些特殊内容的教学,教师可以采用"同动"或"同静"到底的模式。可参考《小学语文复式教学指南》、《小学数学复式教学指南》中相关案例。也可以根据两个年级的实际情况选取教学主题相同或相似的授课内容,不受教材的限制,将相同主题的内容整合在一起,但各年级必须有自己的学习目标和学习任务。

作为一名校长或教研员,针对上述课堂中存在的几个问题,最好的支持和帮助是采用"三明治评课法"(参见单元8的相关内容),帮助教师解决最易的问题,如"纠错"和"过多重复"的问题。至于其余的问题,一定要记载在本子上,到下次教学支持时,观察该教师的授课情况,看看这些问题是否还是问题,哪些有好转,哪些还需要帮助。总之,课堂教学的改革不是一蹴而就的,它需要一个过程,也许对于有些教师来说,这个过程还比较漫长。我们的教学支持就是帮助教师增强信心,点滴成长。

教学支持活动的主流是以课堂教学为主,你可以请一些专家来观课,在教学支持中,专家组一般能体现出两个特点,一个是原生态的交流,即真实性。二是互动性。整个过程中,可以是老师上课、专家组听;专家讲示范课,老师听。既可以讲新课,也可以复习以前的内容。无论什么样的课,都能达到和谐、互动、交流、提高。特别应注意互动讨论环节,老师们就教学的问题积极讨论,各抒己见,不仅老师们之间可以互相交流教学经验,还可以得到专家的专业指导和意见,从而找出需要解决的问题。

除了要观察了解教师的教学方面以外,复式教师的身体问题、心理问题也是不容忽视的,通过与教师的深入谈话,了解目前教师的困惑以及生活中遇到的困难等。总之,不管采用哪种方式,最终目的都是为了找出教学中存在的问题,以便进行有效的教学支持活动。

理论讲堂

什么叫支持？我的理解是在最需要支持时得到最有力的支持，这就是最好的支持。教学支持活动应该以平等、尊重、安全三原则为根本出发点，处处体现以人为本，处处为教师着想，只有这样，教学支持才能取得满意的效果。

观课是最好的发现问题的方式，在观课中最主要的一个环节是议课，通过议课，教师在教学方面的问题就更明了，更有利于其认识和不断提升自己的教学质量。新课改理念下的课主要从教学思想、教学程序、教学方法这几个方面来进行评价。

首先，对教学思想的评价。课堂教学是教师教学思想、教学态度、教学能力和教学艺术的综合体现，而教学思想是否正确又最为关键。教学方案的制订、方法的选择、手段的应用、过程的实施通常都是由教学思想所决定的，它直接影响着课堂教学效率的高低。新课标指出，“教学不只是教师教学生学的过程，更是师生交往、积极互动、共同发展的过程”。在教学中不光要重视结果，更要重视过程，教学的最重要的一个目标就是使学生能够理解和掌握老师所教的内容。复式班的学生由于年级不同，学生之间的能力又存在很大差异，教师在教学中不仅仅是传授给他们/她们知识，更重要的要培养学生各方面的能力，要逐渐适应以学生为主的教学思想。

其次，对教学程序的评价。教师对教学程序的设计和实施可以较好地反映出一个教师能否准确把握课程标准的要求、能否全面理解教材并贯彻落实教学目标。在这个过程中，专家或者教研员、校长要看老师能否将教材系统转化为教学系统，要看学生能否主动参与，学生的课堂反应如何，学生的学习过程是否有效等。

再次，对教学方法的评价。教学方法既包括教师教的方法，也包括学生学的方法。教学方式是为实现教学目标服务的，选用合适而有效的教学方法可以使教学达到事半功倍的效果。教师教学方法的选用是否恰当，直接关系到课堂教学效率的高低,直接关系到学生学习效果的好坏。当前的课程改革强调培养学生的自学能力、创新能力和实践能力,培养学生积极主动地参与教学过程的能力,复式教学中就要特别强调小助手的作用,很大一部分教师在教学过程中容易忽视小助手,不能很好地发挥小助手应有的作用。

总之,评价一节课,最重要的是看是否真正有利于学生的提高,提高了多少。不能仅仅凭一节或几节课来判断教学中存在的问题,从而制定教学支持的计划并付诸行动,还要考虑多方面的因素,从老师、学生、家长等多方面考虑,就日常教学工作中的疑惑与困难进行面对面的交流与讨论,找出目前亟待解决的问题,进行切实有效的教学支持。

当前我国的教师是一种高压力职业, 尤其是在我国占有特殊地位的复式教学教师,其面临的压力比普通学校的教师更大。复式教学一般都存在于偏远山区,交通不便,经济落后,复式教学教师要承担比普通学校教师更多的教学和管理任务,有的学校是一师一校,老师的工作强度可想而知。在这些复杂的教学工作中,复式教学教师面临着工作和生活的双重压力,直接影响着教学工作的进行,影响着复式教学的质量。之所以这么说,一方面是教师的身体健康、心理健康问题无法回避,另一方面,我们的社会及有关部门,乃至教育自身对教师的身心问题并未引起足够的关注和重视。作为复式教学的教研员或者校长,有责任把教师的身心工作做好,给予相应的支持,保证复式教学的顺利进行。

第2节
有效地实施复式教学支持活动

有效的教学支持活动对促进各个复式学校教学工作及教育管理有很好的督促和引领作用。高质量、高水准、高收获的支持活动,更是一种为广大教师所喜欢接受的支持活动。作为教研员或者校长,你在工作中是如何进行教学支持的呢?

请将你的看法写在下面的空白处：

你觉得教学支持对教师的教和学生的学有哪些作用？
请将你的看法写在下面的空白处：

作为教研员或者校长，你认为怎样才能做好教学支持？
请将你的观点写在下面的空白处：

完成下面的活动，可以帮助你了解教学支持的过程。

活动9.2　我们一起来进步

组织本校教师或者本学区教师进行一次教学支持活动，精心准备教案和相关材料，与教师一起备课、做教具、观课、议课。把你的教学支持过程写出来与大家一起分享，并总结出观课和议课后的感受。

实践应用

作为教研员或者校长，组织教师进行一次实战演练是提升教学支持水平的最有效途径。每次进行教学支持前，都要把相关的材料准备齐全，可以与教师一起备课，制作教具，商讨教学中可能遇到的情况和问题。在教学支持的过程中，让全体教师都参与，认真观察教学支持过程的每个细节，然后在教学支持结束后，教研员或校长同观课教师一起，共同回忆观课的步骤，讨论教学支持过程中存在哪些优点和不足，大家一起来进步。

此外，还可以采取骨干教师演示课、专家培训、理论讲述与教学观摩相结合的方式来找出需要支持的方面，从而制定并实施切实可行的教学支持活动。你可以组织教师和专兼职教研员认真参加省级培训，选派参加培训的人员做到有计划、有目标，行前给他们/她们交代任务，回来后要把培训的内容用于实践，用于有效的教学支持。

除了以上途径以外，你可以经常组织教师讨论，大家各抒己见，教师在教学中可能存在多方面的问题，比如教师的主体性太强，学生主体性弱、小助手的作用没有很好地发挥、学生之间的交流少，课堂气氛不活跃等，还有就是教师自身的问题，比如生理问题、心理问题等。你把这些问题汇总起来，大家再一起讨论解决的办法。如果你是校长，你所在的学校是一师一校，你可以和其他学校的教师集中起来进行讨论；如果你所在的学校并非一师一校，那么组织教师进行讨论就很方便。

教学是学校工作的核心。教学在学校工作中所占的时间最多，涉及的范围最广，投入的精力、财力最大，对学生的成长、教师专业发展、学校教育质量提高的影响是深远的、全方位的。然而，许多校长最熟悉的是“教学管理”，对“教学支持”比较陌生，前面章节已经介绍过教学管理和教学支持的区别，此处不再作说明。教学支持是近年来一些教育学家在教育管理过程中，借助世界现代教育管理理论总结出来的一种更为人性化、生活化的教学管理理念。

“教学支持”是教研员或者校长在教学管理中，运用科学的方法，对教师的教和学生的学所做的鼓励或帮助性的指导活动。你作为教研员或者校长，怎样才能做好教学支持呢？下面给出一个简单的例子，希望你能从中得到启发。

假如你去听一位老师的二级复式数学课，发现他的教学时间浪费很多，那么你就要与这位老师一起研究合理安排、使用教学时间的良策。即校长发现问题：浪费时间。相应的教学支持：研究合理利用时间的良策。与这位老师交谈，肯定他在教学中的优点，老师受到鼓励，信任校长，乐于接受教学支持。

“怎样合理安排、有效使用课堂教学时间”，你可以先请这位数学老师自己实验研究，提出方案，你对方案给予充分的肯定，并以商量的口气提出自己的想法，请他参考。实验方案实行了三个月后，再去测验学生成绩，比以前进步了不少。如果你所在的学校并非一师一校，你可以在全校把教师合理安排、使用时间的方法公布出来，介绍给全校的教师，使全校教师增强教学实验、创新教学的信心，从而提高全校整体教学质量。如果你所在的学校是一师一校，那么你可以请教研员在全学区推广你的方法，同样可以有好的效果。

理论讲堂

作为教研员或者校长，在教学支持过程中应坚持以下原则：

一是努力学习、更新观念、明确责任。作为教研员或者校长，要坚持不懈地学习，不断丰富自己的教育理论，更新自己的教学管理理念，自觉担当起领导者和研究者的责任，并时时提醒自己是“引领团队”的人，不是“控制团队”、“支配团队”的人。

二是善于发现、明确目标、科学引导。教研员或校长要善于发现师生复式教学活动中遇到的问题，要有深刻的思考，并能找准原因，寻找支持机遇、科学安排、合理引导，通过沟通、交流、解难，使教师一步步走向成功。

三是以诚相待、鼓舞人心、赢得信任。教研员或校长支持教学需要和颜悦色,不能居高临下、盛气凌人,要换位思考,从复式教师的角度来思考,得到老师接纳,提出合理化建议,即激励师生成功,鼓励师生充满信心迎接挑战。

四是坚持不懈、合作交流、共同发展。教学支持是一种改变过去的过程,其效果的呈现需要一定的实践,短期内不会看到太明显的效果,不能急于求成,教研员或校长需要伴随师生一道发现问题,寻求解决问题的办法。教学支持不是教研员或校长一个人的事情,也不是对个别"有问题"的老师或学生的支持,教学过程是教研员或者校长、教师、学生共同工作的过程,只有合作交流,才能共同发展,促进复式教学更好更快地发展。

百年大计,教育为本;教育大计,教师为本。华东师范大学的叶澜教授认为,"没有教师生命的提升,就很难有高的教学质量;没有教师精神的解放,就很难有学生精神的解放"。只有当教育者自身完善时,才有利于学生的完善和发展。由此可见,教师个人综合水平、心理健康水平的提高具有重大的社会意义。

作为教研员或者校长,我们应该积极推进"教育公平"、"以儿童为中心"、"同动同静"教学理念的传播和深化。要充分发挥教研室在教学支持中的作用,要对教学工作进行有效的指导、服务、督促、检查,根据教研室、学校、教师、学生的实际情况和需求,从能力、资源、机制、硬件、身心等方面对教师教学提供全方位、多样化、经常性、有针对性的教学支持活动,以改善我们目前的复式教学环境,规范教研活动,丰富教学资源,最终通过促进教师专业发展提高复式教学质量。

总结

教研员或者校长在给教师提供教学支持时要注意适可而止,要给教师提供适当的、足够的支持,但不要提供过多的不必要的支持,以促进教师独立地完成自己的教学任务。如果提供的支持太多,将不利于教师的发展和依靠自己解决问题;如果提供的支持太少,教学任务对教师的挑战太大,教师可能会失败并灰心丧气。因此,有效的教学支持必须具有一定的弹性和灵活性,要能促进教师适应新课改的理念,适应复式教学的教学规律,促进复式教学的发展。

本单元的内容即将结束。你可以回忆一下我们本单元所讨论的几个问题,然后把你的收获、需求、建议写在下面空白处,此外还要根据自己的实际情况作出一个合理的行动计划,在今后的工作中教学支持将达到什么样的目标,有什么想法和打算。

单元 10 促进复式学校发展

我们在人口居住分散、交通不便的社会实际情况没有发生彻底改变的情况下,必须重视对复式教学理论和实践的深入研究,重视复式学校自身的发展。随着我们对复式教学的实践和改革探索,尤其是近年来国际先进的教育教学理念的引进,使得我们不得不重新审视复式教学相对于单班教学特殊的教育教学优势。

学习目标

学习完本单元后,你将能够:

- 搜集复式教学的鲜活案例
- 得出对复式教学的理论认识
- 制定复式学校的发展计划

学习内容

本单元将包括以下内容:

第 1 节 尝试和讨论复式教学新模式

第 2 节 制定复式学校的发展计划

学习时间

本单元的学习需要三个学时

你需要的材料

这部分的学习,你需要准备以下材料:

- 笔记本
- 复式教学案例
- 学校发展计划案例

第 1 节
尝试和讨论复式教学新模式

请你尝试在复式班里采用不同年级进行同一活动，看看是否有另一番预料不到的教学效果？

请将你的做法写在下面的空白处：

活动 10.1　设计一个话题

根据你所教复式班的不同年级学生，设计一个让他们都能接受和都感兴趣的话题。

请你在复式班里不再用“动静搭配”传统教学模式，而是把不同年级的儿童当做相同年级的不同小组，围绕同一个话题开展讨论，看看不同年级的儿童会发表怎样的观点。

活动 10.2　分享体验

组织学生开一个讨论会，讨论前一个活动给他们带来的新的体验和感受，并说出他们感觉最好的地方和觉得不够舒服的地方。

将讨论的大致结果写出来，然后说说这样分析有什么好处。

实践应用

通过讨论，反思新的复式教学中所使用的方法，分享不同年级儿童各自的不同体验和感受。

理论讲堂

在以往的复式教学中，我们成功地采用了“动静搭配”和“纵横协调”的教学模式，但同时我们往往又陷入这种固定的教学窠臼之中。我们必须走出传统复式教学的固定模式，用现代教育思想和新课程理念关照复式教学。

首先，在复式教学中，儿童至少有一半时间在“静态”中学习，因此我们不能用一般意义上的布置静态作业来打发时间，我们应该主动设计儿童自主学习的任务与目标，采取小组儿童共同交流、合作以及探索的形式和内容，使每个儿童都经历知识技能的认识探索过程，这样有利于形成儿童独立思考、刻苦钻研、勇于探索的学习习惯和学风。同时配以小学长，在他们的带领组织下，大家讨论交流，充分利用单班教学很难利用的学长资源，让低年级孩子与学长形成有效的学习交流和互动模式，这样既有助于培养儿童的合作精神和探究式学习方式的形成，又有助于复式教学独特资源的利用和开发。

其次，在“动态”学习过程中，改变由老师采用满堂灌的方式进行知识的讲解，而是要积极探索，采取师生共同参与学习活动的方式，甚至包括不同年级的儿童共同参与某一个教学活动的形式，这样有利于教学面向全体儿童，有利于高年级和低年级互为教育资源，使复式教学的优势得到更好的发挥。同时，教师受到教学时间的严格限制，这样有利于教师深入研究、组织、开发、整合教学内容，少讲精讲，有更多的时间和精力对复式教学“同动同静”的课堂教学新模式进行探索和研究。

第 2 节
制订复式学校的发展计划

学校发展计划是近年来从西方引进的促进学校建设和发展的有效方法。复式学校应该借鉴国外和近年来许多国内学校的做法，从制订复式学校发展计划入手，促进复试学校的发展。你的复式学校有发展计划吗？你是如何理解学校发展计划的？

请将你的做法写在下面的空白处：

活动 10.3 制订发展计划

由你牵头，请几位复式教学点的老师来你校做客，共同交流讨论我们每天遇到的复式教学中带有普遍意义的问题，达到共同应对问题的能力，进而帮助我们制订复式学校发展计划。

实践应用

由你牵头，组织有社区代表和家长代表参加的学校发展计划制订委员会，请他们来学校讨论并制订学校发展计划。大家共同分析目前社区现状如何、未来将有什么变化、学校现状怎样、学校今后的发展目标是什么、学校困难是什么、应该优先解决哪些问题、如何解决。将讨论交流的结果和相关的建议整理成文本形式。

你可以利用外出学习的机会,购买一些关于复式教学的书籍;利用乡里的资源中心和中心学校的学习资源,不断提升复式教学的理论认识;利用复式教师同行们在一起的机会共同探讨复式教学。总之,利用一切可以利用的资源解决学校面临的问题。

你也可以尝试将新学习到的一些复式教学的案例运用到我们的课堂实践中,帮助形成复式学校发展计划的具体实施内容。你也可以将交流所得的对某个问题的处理办法运用于你的课堂,适用于你的学生。同时,在反思的基础上完善复式学校发展计划。

理论讲堂

学校发展计划这一学校管理理念起源于20世纪的英国。随着国际教育合作项目的实施和我国教育改革的深入，这一理念正在不同的地域被广泛接受和应用。学校发展计划是在学校层面,通过自下而上和自上而下相结合的方式,广泛征求社区不同群体的意见,全员参与,由学校自主制订的关于学校未来发展的校本计划。

学校发展计划要注意以下几个原则:

一是学校发展的民主性原则。学校发展首先是社区民众和孩子们的文化要求,学校如何办、如何为他们提供良好的服务,必须听取他们的意见,学校发展计划的制订必须坚持民主性原则。

二是学校发展的问题性原则。学校发展计划的制订是基于学校存在的具体问题而产生的，问题是对社区群众和孩子们的意见经过排序和筛选而得出的,这也是学校发展目标的来源。学校所确立的发展目标首先反映的是学校的孩子们、学生家长、社区成员以及关注学校教育的相关人士对学校发展的期盼和要求。其次反映了学校目前存在的急需解决的问题。在诸多问题中，学校根据轻重缓急和实事求是的原则以及学校目前所具有的解决问题的能力,归纳、整理出解决问题的初步思路。

三是学校发展的目标性原则。目标的形成通常是以学校状况的分析与问题的诊断为基础展开的,是对所有参与者描绘的“学校发展远景”的概括和总结。目标的表述分两个方面:一个是高度概括,代表绝大多数人意愿的总目标;一个是有可检测性和实践性的阶段性目标。

作为从事复式教学的管理人员和教学人员,我们必须尽快提高自身对复式学校和复式教学的理论认识水平。只有如此,才能帮助我们主动发挥复式学校的教育独特性和优势,同时使我们能够从理论的层面上去说服教育主管官员,取得他们的大力支持,以促进复式学校的发展。

我们自身的专业发展是复试学校发展的基础,因为复式教学点往往是一人一校,我们教师的专业化水平就直接代表和显示着这个教学点的水平。这个教学点的复式教学老师水平高,这里的学生就能直接受益。如果这个教学点的复式教学老师水平不高,学生的学习效果就直接受到影响,从而使学校生存发生问题,何谈复式学校的发展。

复式学校的教师队伍建设,是复式学校能否生存和继续发展的基础。长期以来,复式学校的教师们比单班授课制的教师们付出了更多的辛劳,花费了更多的组织教学的心思,取得了许多骄人的成绩。但是,由于教师们长期处于相对封闭的工作环境,很难有机会同外界交流,他们的教学特点和个性又往往与单班制存在交流方面的障碍,使得复式学校的教师在学术水平上无法正常、畅通地与单班制教师进行有效的交流。加之复式学校在行政的错误干预下,教师队伍开始逐渐萎缩,使得有长期从事复式教学经验的教师流失严重,复式教学资源越来越匮乏,复式学校的教师队伍建设面临着前所未有的困难和挑战。但是,这样一种形势又逼得我们不能不练好复式教学教师的内功,通过复式学校教师独特的、不可替代的教育教学的绝招,通过教师队伍自身的建设,来赢得复式学校存在和发展的空间与机会。

总结

本章就促进复式学校发展问题设计了一些活动，并要求大家在自己的教学实践中尝试使用一些新的教学方法。同时在注意改革复式教学的旧有模式的基础上,关注复式学校教师自身专业水平的提高,进而在制订复式学校的发展计划等问题上进行了一些理论阐述，目的在于引发大家对复式学校进一步得到健康发展的问题进行积极思考。

参考文献

1.[美]约翰·古德莱德，罗伯特·安德森.不分级小学[M].谢东海，吕雪金，袁文辉，等，译.北京：教育科学出版社，2006.

2.[美]Dale Scott Ridley，Bill Walther.自主课堂[M].沈湘秦，译.北京：中国轻工业出版社，2002.

3.[美]David Fontana.课堂管理技巧[M].李彦，译.上海：华东师范大学出版社 2002.

4.[美]Raymond M.Nakamura.健康课堂管理——激发、交流和纪律[M].王建平，等，译.北京：中国轻工业出版社，2002.

5.[美]Vernon F.Jones，Louise S. Jones. 全面课堂管理——创建一个共同的班集体[M].方彤，等，译.北京：中国轻工业出版社，2002.

6.[美]Thomas L.Good，Jere E.Brophy.透视课堂[M].陶志琼，等，译.北京：中国轻工业出版社，2002.

7.[美]G.M.Jacobs. 共同学习的原理与技巧——通过共同学习学会共同学习[M].杜林，马容，译.北京：中央民族大学出版社，1998.

8.[美]Thomas Lickona.美式课堂——品质教育学校方略[M].刘冰，董晓航，邓海平，译.海口：海南出版社，2001.

9. 孙冬梅.复式教学[M].西安：陕西人民教育出版社，2008.

10.孙冬梅.课堂管理[M].北京：人民教育出版社，2009.

11.孙冬梅.课堂管理策略[M].北京：高等教育出版社，2007.

12.孙冬梅.课堂管理[M].北京：人民教育出版社，2001.

13.孙冬梅.课堂管理技巧[M].北京：人民教育出版社，2004.

14.孙冬梅.有效的参与式教学[M].兰州：甘肃民族出版社，2005.

15.邓朝喜，潘旭.复式教育学[M].重庆：西南师范大学出版社，2002.

16. 中国联合国儿童基金会合作加强师资培训项目复式教学课题组.复式教学[M].北京:北京师范大学出版社,1995.

17.赵玉池.参与式理念下的复式教学[M].重庆:西南师范大学出版社,2009.

18.贺德起.小学复式班教学[M].北京:光明日报出版社,2010.

19.文开.开心课堂[M].北京:清华大学出版社,2009.

20.中英甘肃普及九年义务教育项目领导小组办公室.教研员专业发展指南[M].兰州:兰州大学出版社,2009.

21.陈桂生.到中小学去研究教育——“教育行动研究”的尝试[M].上海:华东师范大学出版社,2001.

22.杜萍.中小学教学与管理案例分析[M].北京:教育科学出版社,2001.

23.郭志明.教师语言艺术[M].北京:语文出版社,1992.

24.贾晓波.心理健康教育与教师的心理素质[M].北京:中国和平出版社,2000.

25.李晓文,王莹.教学策略[M].北京:高等教育出版社,2001.

26.皮连生.教学设计:心理学的理论与技术[M].北京:高等教育出版社,2001.

27.皮连生.学与教的心理学[M].上海:华东师范大学出版社,2000.

28.施良方,崔允漷.教学理论:课题教学的原理、策略与研究[M].上海:华东师范大学出版社,2000.

29.唐思群,屠荣生.师生沟通的艺术[M].北京:教育科学出版社,2002.

30.唐晓杰.课堂教学与学习成效评价[M].南宁:广西教育出版社,2002.

31.吴康宁.课堂教学社会学[M].南京:南京师范大学出版社,2000.

32.钟启泉.班级管理论[M].上海:上海教育出版社,2002.

33.钟启泉.新课程师资培训精要[M].北京:北京大学出版社,2002.

34.朱慕菊.走进新课程:与课程实施者对话[M].北京:北京师范大学出版社,2002.

35.陈时见.课堂管理论[M].南宁:广西师范大学出版社,2002.

36.杨东平.教育:我们有话要说[M].北京:中国社会科学出版社,1999.

37.余新.多元智能在世界[M].北京:首都师范大学出版社,2004.

38.宋乃庆,等.中国基础教育新课程的理念与创新[M].北京:中国人事出版社,2003.

39.吴效锋.新课程怎样教:课堂教学问题与对策[M].沈阳:辽宁大学出版社,2005.

40.叶禹卿.新课程听课评课与优秀案例评析[M].北京:中央民族大学出版社,2005.

41.徐世贵.新课程备课问题诊断与对策[M].天津:天津教育出版社,2009.

42.胡文斌,白天佑,张兆勤.学校发展计划培训教材[M].北京:教育科学出版社,2008.

43.刘旭东.教师专业发展[M].北京:高等教育出版社,2005.

44.姬维多.校长与学校管理[M].北京:高等教育出版社,2005.

45.祁之宁.复式教育应该注意些什么[J].青海教育,2000(1).

46.吴启瑜.村小复式教学常规管理初探[J].安徽教育,2002(20).

47.于春盛.复式班教学的几点启示[J].黑龙江教育,1998(12).

48.孙冬梅,曾涛,黄坤.复式教学"同动同静"新模式探析[J].天津师范大学学报,2010(1).

49.李玉安,王锡全.改进复式教学　优化"动""静"交替[J].甘肃教育,2002(3).

50.中央教育科学研究所调研组.我国偏远地区基础教育教学改革创新个案研究[J].教育研究,2007(1).

51.唐德海.复式教学过程师生关系新解[J].基础教育研究,1996(3).

52.刘忠祥,刘根元.规范复式课堂教学之管见[J].山西教育,2001(7).

53.王福友.小学社会课在"不分年级教育"中的实施:从美国的经验看合作学习对小学生的意义[J].浙江教育科学,2002(2).

54.曾丽红.浅谈芬兰"不分年级制"的教学模式[J].成功·教育,2008(8).

55.李勇,李俊杰.芬兰高中"不分年级制"教学模式及启示[J].世界教育信息,2008(8).

56.雷天林.复式班的课堂和黑板[J].湖北教育,1984(5).

57.邵毅.复式班教室布置一式[J].浙江教育,1989(3).

58.吴启瑜.村小复式教学常规管理初探[J].安徽教育,2002(2).

59.孙冬梅,孙蕊林,彭文涛.西部农村小学复式教学的调查研究:以甘肃L县为例[J].上海教育科研,2008(9).

60.刘章富.试论复式班教师三个方面的教学能力[J].师资培训研究,1994(4).

61.徐红莎.小学教师的素质结构及其培养[J].江西教育,2009(Z3).

62.赵静.新课程背景下教学常规的重建研究[D].2008年硕士学位论文.